聪明人是怎样社交的

[美]米尔顿·赖特 著　圣辅 译

华文出版社
SINO-CULTURE PRESS

图书在版编目（CIP）数据

聪明人是怎样社交的 /（美）米尔顿·赖特著；圣辅译. -- 北京：华文出版社，2020.7
 ISBN 978-7-5075-5148-8
 Ⅰ.①聪… Ⅱ.①米… ②圣… Ⅲ.①心理交往—通俗读物 Ⅳ.①C912.11-49
 中国版本图书馆CIP数据核字（2020）第094684号

聪明人是怎样社交的

CONGMING REN SHI ZENYANG SHEJIAO DE

著　　者：	［美］米尔顿·赖特
译　　者：	圣　辅
出版策划：	段会敏
责任编辑：	曹昌虹
出版发行：	华文出版社
社　　址：	北京市西城区广外大街305号8区2号楼
邮政编码：	100055
网　　址：	http://www.hwcbs.com.cn
电　　话：	总编室 010-58336239　　发行部 010-58336267　58336238 责任编辑 010-58336195
经　　销：	新华书店
印　　刷：	北京柯蓝博泰印务有限公司
开　　本：	880×1280　1/32
印　　张：	7.5
字　　数：	158千字
版　　次：	2020年7月第1版
印　　次：	2020年7月第1次印刷
书　　号：	ISBN 978-7-5075-5148-8
定　　价：	39.80元

版权所有　侵权必究

译者序

随着物质文明的进步,人与人之间的接触日益频繁,尽管古时曾有许多遗世独立的高人隐士,可是当今社会,在任何领域想要获得成功,都必须懂得为人处世的技巧,否则即使有真才实学,也难以成事。我们必须懂得周遭人的心理,懂得怎样去迎合以获取好感、尊敬与合作。好多人在这方面做得不够成功,引发了不少悲剧。

关于讨论处世之道的书已有不少,有的虽然说得头头是道,娓娓动听,然而读过之后还是感到茫然,没有太多帮助;有的则非常枯涩乏味,辜负了我们对于这一类出版物的期望。

本书既没有无聊的空话,也没有枯燥的说教。作者米尔顿·赖特以心理学为出发点,根据实际的人生经验,用亲切而又充满趣味的笔墨,指导我们学习处世的原则。他的话绝不是隔靴搔痒，句句鞭辟入里，值得我们深刻体会。原书在美国出版后不胫而走，批评家认为它是一本值得反复阅读的好书，译者敬以诚意将本书译成中文献给中国读者，希望大家读过之后，能够获得更为充实、丰富而幸福的人生。

目录

第一章 应对的技术

白太太的故事 … 003

应对能力与成功的关系 … 004

应对能力是可以培养的 … 006

三大因素 … 007

最大的弱点 … 008

第二章 懂得人们的心理

化敌为友——利用人们心理的实例 … 012

"保存自己"的基本心理 … 013

三种原始情绪 … 013

长大后的情绪 … 015

七种基本情绪	016
惧怕的情绪	017
嫌恶的情绪	018
惊奇的情绪	019
愤怒的情绪	019
沮丧的情绪	020
得意的情绪	020
爱的情绪	021

第三章 识得对方的性格

内向型与外向型	026
内向型人的特征	027
怎样与内向型人交往	029
外向型人的特征	032
怎样与外向型人交往	034
内外混合型	037

第四章 比较靠谱的看相术

研究情绪的反应	042
表情与情绪	044
研究特殊情境中的反应	045

目录

默察别人的思想 046
高明的马路摄影师 047
我们的注意点 051

第五章 别人喜欢你的原因

个性与品格 056
让人喜欢你的几种品质 057
为什么别人喜欢你 058
乐于助人的好处 060
社交美德 063

第六章 如何让别人喜欢你

你的外貌 067
表情的重要性 069
美好表情的养成方法 071
因人而异 072
被别人喜欢的人 076
怎样喜欢别人 077
对一般人心理的判断 078

第七章　怎样引起他人的注意

动作引起注意	082
如何练习动作	083
演说的技巧	084
有目的的动作	085
诱动好奇心	086
勿过于新奇	087
挑战引起注意	088
引起得意的情绪	088
发问的价值	089
特殊的兴趣	091
选择适当的情绪	092
注意的焦点	093
利用特点	094
鲜明有力的初次印象	095

第八章　联络人的秘诀

借助特殊的兴趣	102
兴趣的种类	103
业务外的兴趣	103
表现你的兴趣	104

诚恳是必需的　　　　　　　　　　　　105

第九章　怎样立名

建立名声的原则　　　　　　　　　　112
精密的分析　　　　　　　　　　　　114
自信的重要　　　　　　　　　　　　115
言行一致的价值　　　　　　　　　　115

第十章　聊天的秘诀

谈话艺术大师的劝告　　　　　　　　119
各条劝告的理由　　　　　　　　　　121
富兰克林的谈话艺术　　　　　　　　122
宽容的重要　　　　　　　　　　　　123
尽你的本分　　　　　　　　　　　　124
有目的的谈话　　　　　　　　　　　125
如何让谈话成功　　　　　　　　　　126

第十一章　机智与幽默

机智的性质　　　　　　　　　　　　132
幽默的性质　　　　　　　　　　　　132

机智与幽默的用处	133
引起他人的兴致	134
缓和紧张的气氛	135
留心几件事	136
适当地运用机智与幽默	137
心理状态的重要性	138

第十二章 "吹"的艺术

一个邻人的经验	142
商业上的"吹"	144
新闻记者的"吹"	145
扑克游戏中的"吹"	147
当心露马脚	148
"吹"的六条规则	150
讲价钱的技术	151
厚着脸皮"吹"	151

第十三章 暗示的效力

招人憎恶的态度	156
利用暗示的方法	156
得意的感觉	158

自动的暗示	159
富于反抗精神的人	160
对付逆反的办法	161
幻想中的困难	163

第十四章　言之有理

需要理论的场合	167
新奇的话题	168
重要的事	169
严密的理论	170
不需要理论的场合	171
有成见的人	172
吹毛求疵者	173
四个注意点	174
不要说得太多	175
抓住要点	176
三种弊病	176
五条基本原则	177

第十五章　拒绝人的技巧

拒绝人的五条规则	182

爽爽快快地拒绝	183
面子关系	184
充分的理由	186
运用技巧	187

第十六章　自卑意识

四种起因	192
克服自卑的第一步	193
心理学家的办法	194
探究原因	195
对付弱点的办法	195
抵销弱点的优点	197
避免失败	198
克服自卑意识的助力	199
专门与集中	200

第十七章　做领导的条件

七种特质	204
群众	205
基本条件	205
对于事实的知识	206

对于人的知识	207
热诚的必要	208
绝对的自信	208
坚定的毅力	210
不回避责任	211
有勇气	211

第十八章　怎样做领导

志愿为先决条件	216
把理想形象化	217
自省的表格	217
假定的一日	219
保持永久的记录	221
怎样改变习惯	222
外表的特征	223

编后记   **225**

第一章

应对的技术

白太太的故事

这是一位美国著名工程师告诉我们的关于白太太的故事：

有一天，我到白太太的一位邻居家给一个性格倔强的孩子诊治，恰巧，白太太也在那里。我诊好了病拿出药来，准备给那个孩子吃。孩子看见我手执药匙走向他，立刻握紧拳头，咬紧牙齿，不肯服药。我知道那孩子的个性，固执倔强，他不愿意服药，那就表明我们无法使他服药——任凭用恐吓或甜言蜜语，都不能改变他的态度。我们有点儿窘了，一时间不知道怎么做才好。

白太太开口了，她说："医生，据说，看孩子怎样服药，就可知道这孩子的年龄多大，这句话是否正确？"我推测她话中有意，连声说是。

"据说，假如一个孩子倔强哭喊，不肯服药，那他最多不过两岁，是不是？"

"不错。"

"假如他愁容满面，非常勉强，那他也许有三岁了，是不是？"

"对的。"

"假如他服药时，笑嘻嘻地表现出勇敢的神情来，那他至少也得有五岁了，是不是？"

"不错。我们可凭他服药时的神情，断定他已有五岁，已是有志气的孩子了。"

我用眼角偷望那个孩子，他正在留意地倾听着。

我把她的话总结一遍："不错，两岁大的孩子，倔强不肯服药；三岁大的孩子，哭丧着脸服药；五岁大的孩子，满面笑容极勇敢地服药。"我把药匙送入孩子的口中时，他极勇敢毫不迟疑地把药服下去了。

应对能力与成功的关系

"能够应对"，对于一个人一生的成功关系重大。假如你是一个推销员，希望售出一批产品；一个新闻记者，希望拜见一位大人物；一个书记员，希望你的上司到了年终给你优良的评价；一个初入某团体的人，希望能在该团体内握住一些势力；一个政治家，希望竞选胜利；一个年轻的工作者，希望得到一个职位；

第一章　应对的技术

一个追求女孩子的青年，希望那女孩子悉心爱你，最终成为你的配偶。你的希望能否变成事实，全看你有无"应对能力"，或这种能力的程度如何。

也许你要说，就一般而论，上面所说的，固然正确，然而是否每一件事情都是如此呢？例如一个作家，他的成功就全靠他的作品，不见得靠他的"应对能力"吧？

那也不见得。如果有一位杂志的投稿者，能在投稿之时与主编见一次面，聊几句天，稿件被采用的机会就更大。也有投稿者不相信这种事，所以不选择主动与主编见面。但倘若两篇稿子内容相差不多，而主编对于前一个人有较好的印象，那他的稿子就更容易被采用。

应对人的能力不是成功的唯一要素，却是成功的重要因素。具备这种能力的人，纵使其他能力稍差一些也无大碍，但缺乏这种能力的人，即使其他方面处处优胜，也难免要吃亏。因为一个人的成功，决不单靠他的智商。

试把现在政府、机关中占据高位的人做一研究，就可知道他们之所以能居高位，并不是因为他们有特别聪明的头脑，大半是因为他们具有应对能力。做领导的人，都有领导才能，领导才能是什么？大半还是应对人的能力。

应对能力是可以培养的

应对能力是否可以培养呢？能否通过学习，使别人特别注意我呢？能否使别人对我产生兴趣，并喜欢和我接近呢？能否逐渐具备那种能力，可以影响人并领导他们呢？我们的回答是一个"是"字。别人都走过这样的路，路的痕迹非常显明，我们只需按照路标追上去就行了。

我们滋生种种欲望，但其中最主要的应该是能与人相处即应对人的欲望了。也许有少数人不在乎别人对他的批评，总是"我行我素"，然而他们所不在乎的是一般人的批评，而对于某某几个人的批评，他却不能不在乎。至少，倘若有人说他好，尤其是他所钦佩的人说他好，他心里还是喜悦安慰的。由此可知，我们都有一种欲望，希望此生应对人能游刃有余，达到善与人相处的目的。

我们并不缺乏与人相处的基本能力。我们都具有手、足、眼睛、面部肌肉、声音等工具，我们的表达都可以通过这些工具实现。天下应对人的一等能手，他们所具备的也不过是这些工具。于是问题来了：为何他们能应对得如此周到，而我们却不能呢？

这其间的区别是，他们知道利用这些工具去达到他们的目的，而我们却不知道这些技能。所以分析一下，只是一个知识与技能的问题。知识与技能是可以学习的，所以，应对人的能力，也是可以学习的。

三大因素

把应对人的问题仔细加以分析,就会发现,其中包含三个因素,那就是:

1. 你自己。

2. 他人——你愿意应对的人。

3. 影响他人的态度或行为的方法。

其中最难了解的,是关于你自己的因素。苏格拉底说:"了解你自己!"我们实际很难真正了解自己。我们应当格外了解自己,但事实上,偏偏又不甚了解自己,这其中的缘故,大半因为我们对自己不诚实。

我们必须对自己诚实。真能诚实的话,就很容易学习应对他人的诀窍。在我们自己的性格中,许多因素都足以阻止我们与人接近,不能招人喜欢,而这些因素却又是我们最容易疏忽的。试问自己:你是否怕羞?是否见人发窘?见人出窘汗、说不出话来?见人想说话,但不知从何处说起?

让我们坦白承认这些,但有这些缺陷算什么呢?我们很容易改正。我们最大的弱点,并不在此处。

最大的弱点

我们最大的弱点在于我们的性格组成，或是畏怯或是懒惰，唯此二者，才是我们不能与人相处的基本原因。当然，我们还有许多其他弱点，例如欺骗、错误的判断等，但这两点是我们最大的弱点。

然而我们也不必畏惧，它们虽是我们生活中的两个大妖魔，但却不是我们生活中所需要的，我们尽可把它们消灭掉。你畏怯吗？当你畏怯他人的时候，试想想看，你为什么要畏怯？对方不是同样的人吗？你有懒惰的习惯，只要决心改正，任凭怎样根深蒂固，总是可以改正的。

我们应该认识自己，也应该认识他人，现在就让我们根据最新的心理学说，把人的共同特性详细分析一番吧！

懂得人们的心理

假如你不能应对他人或和他人相处，也许你的失败源于以下两种原因：

1. 你不喜欢人。
2. 你怕人。

无论是前一种原因，还是后一种原因，真正的理由是你不懂得人们的心理，即一般人的心理，也可说是一般人的天性，指一般人对于某种环境的共同反应。例如你骂我"猪猡"，我愤怒异常，我会扯你的耳朵，或反骂你"瘪三"，我会寻找机会向你报复。我的反应如此，换作别人，也莫不过如此。我们从这些地方，就可看出一般人的普通心理或天性。如果我们知道人们不喜欢被骂，那就不骂人，这样，我们对于人们心理的认识，在应对人的技巧上就有切实的助益了。

化敌为友——利用人们心理的实例

假定你要和一个人做朋友，而那个人却又偏偏不喜欢你，此时，最好的办法，就是利用他和一般人都具备的心理与之接近。我们以著名的《富兰克林自传》中的一件事作为实例进行证明。富兰克林最懂人的心理，他的故事特别值得我们研究。

在美国费城做印刷伙计的时候，富兰克林被选举为该城大会的书记员，可因此获得一个印刷工人的职位。等到重新选举的时候，有一位新到的会员在大会中公然斥责富兰克林。结果，虽然富兰克林重获胜利，但他总觉得需要和这位会员交流一下。

普通人一般会用"加惠于人"的方法来应对，但富兰克林知道加惠于人虽可讨人喜欢，但加惠于他，他就对你负有义务，这种义务之感反而使他觉得不安，因而你的加惠很容易被这种不安心理抵消。反之，如果设法使他加惠于你，那他必觉舒服得多，所以富兰克林说："一次加惠于你的人，很容易再度加惠于你。"

他知道那人的图书馆内藏有一本珍贵名著，于是写信给他，向他借一礼拜，到期归还，并附上一个谢笺。下次这个新会员碰见他，特意和他说起话来（以前完全不理睬他），从此以后，两人成为朋友。

富兰克林能够如此,我们何尝不能?只看我们能否懂得并利用人们的心理罢了。

"保存自己"的基本心理

我们常听说:"保存自己,是自然界的基本原则。"不错,保存自己,确是一般人内心深处的铁律。我们可通过这四个字来了解一般人的心理,也可用这四个字来决定我们的应对方法是否得当。试把人们的任何情绪、任何本能或任何冲动加以分析,你就可以明白,所有这些东西都可归因于"保存自己"的基本心理。

三种原始情绪

任何一个婴孩,只有三种原始的情绪,那就是:

1. 惧怕。

2. 愤怒。

3. 爱。

惧怕的情绪，由突然强烈的刺激所引起。当你是婴孩的时候，只有两种经验可以引起你的惧怕，其一是突然把你从手中放松，使你感觉要掉下去；其二是突然的大声，这大声会使你怕得大哭。

关于愤怒的情绪，最初只有一种经验会使你愤怒，那就是束缚你自然的动作。假如年幼时，妈妈把你的双手绑在两边，使你不能吮指，不能摸脸，你的小面孔就会涨得通红，你前额的那几根青筋就会涨得很大——你在愤怒了。

所谓爱的情绪，乃指你对于爱护你、养育你、给你食物吃的母亲的亲热。

从怀抱中把你突然放松，突然让你听见巨响，突然阻止你自然的动作，和养育并爱护你的人亲热，这几种情况都与你的生存有关。否则，也许你会被人摔死；也许你会被凶恶的野兽吞噬；也许你要逃跑，因为被拘束住逃不走；也许养育你的人得不到你的好感，对你冷淡起来，因而不悉心爱护你了。如此种种，都有害于你的"自我保存"，所以我们说，你各种情绪后面的只是一种"自我保存"的基本心理。

长大后的情绪

你逐渐长大,情绪也随之增多了。上面所说的三种原始情绪,则永远被保留着,但会越来越复杂。

情绪增多,你所用的表达情绪的方法也逐渐变换方式了。本来你惧怕时会大声哭喊,现在你却一声不响地躲在一边;本来你愤怒时会倔强反抗,现在你却忍耐下去,慢慢寻找报复的机会。

其次,你的经验增多了,那三种原始的情绪却不一定被有限的几种刺激所引起,而是被许多新刺激所引发。例如和"怕"有关的情绪,本为"失所依恃"与"突然的巨响"所引发,现在却被以下各种经验所替代:

半夜醒来时听见奇怪的声音。

突然与人面对面相遇。

从高塔顶上看到地面。

面对野兽。

关于"怒"的情绪,可能为下列诸事所激起:

别人批评你。

不经你的许可,擅自拿你的东西。

当你用心做事时,中途被人搅扰。

你认为非常重要的东西,别人淡然漠视。

别人不尽本分,要你去了结工作。

由"爱"的原始情绪,会产生下列各种欲望:

在异性面前,尽量展现你美的一面。

希望别人理解你。

和同种、同族、同国家、同教门的人接近。

替你所爱护的人做各种事,不辞辛劳。

现在,我们来进一步研究一般人共同具备的基本情绪。

七种基本情绪

你的年龄增长了,你的经验增加了,你的环境、你的教育、你的宗教、你参加的社会团体,都会使你的三大原始情绪向外生长出枝叶,而形成下列七种基本情绪是一般人所共同具备的:

1. 惧怕。
2. 嫌恶。
3. 惊奇。

4. 愤怒。

5. 沮丧。

6. 得意。

7. 爱。

上面所举的每一种情绪,都能促成我们极大的成功,都有一种心理学上所说的本能,与之相对应,则形成我们行为的强大动力。

惧怕的情绪

"怕"的情绪引起"逃"的本能。对面来了一头狮子,你自然而然地会逃走,或爬上树顶。这是原始的一个例子,但个中情形,和你远远地看见一个债主从马路的这边走来,你立刻逃避到马路那边去的理由完全相同。

情绪指发于我们内部的心理状态,本能指表现于外的动作。例如我们因"怕"而"逃","怕"是内部的心理状态,是情绪;"逃"则是外部的动作,是本能。

"怕"的情绪与"逃"的本能,可使你发出意想不到的强大力量,假如老虎将要追上你,你能跑得非常快,快于运动场上的短跑运动员；你能跳过篱笆，高度高于运动场上的跳高选手。怕既有这样大的势能，我们就应当善加利用它。宗教家创出"地狱之火"来劝人为善，就是利用这种心理；药商给口香药大登广告，也是利用你怕人说你口臭的心理。

嫌恶的情绪

"嫌恶"的情绪，引起"拒绝"的本能。在最初的时候，"嫌恶"的情绪由恶味恶臭引起。不想讨人厌，就该在这个情绪上下一番功夫。有一句关于大蒜的名言："它助你身体成长，但使你社会地位降低。"许多商店推销员，就因不时地从口齿中发出难闻的烟臭来，以致生意冷清。反之，聪明的女郎，就因能将一两种香水用得非常得当，从而大受年轻人的欢迎。

惊奇的情绪

"惊奇"的情绪与"好奇"的本能相应,它和"惧怕"有点儿相似,但引起惧怕的东西,是你知道其为危险的东西,而引起惊奇的东西,是你有点儿知道又有点儿不知道。你知道闹钟的外形如何,但不知它的内部构造如何,所以把它拆开加以研究。

如果想要别人注意你,最好不要把你的一切坦白地毫无遗漏地告诉别人,应使他们不时地对你猜度。这不时地猜度,会使他们特别注意你。

愤怒的情绪

"愤怒"的情绪,引起"斗争"的本能,它的原始刺激是一个人的自然动作受到了阻碍。到了现在,你越写明"不准闯入此处",人们越要闯进来试试看。真有不闯进来的,并不是因为尊重你的警告,而是因为有较大的"怕"的情绪存在。

所以,要激起人们的反感,只需禁止他们发言,禁止他们集会就好了。英国不能与华盛顿时代的北美十三州相处,就是因英国压迫得太厉害了。

沮丧的情绪

"沮丧"的情绪，引起"自卑"的本能。也许你不相信自己会有这样的情绪，但倘若你参加盛大的宴会，其中每一个人都穿着礼服，端庄整饬，你忽然发现自己忘了戴领带，这时你是什么感觉？如果此时你不感觉窘，那你真是奇人了。

但你也可利用这种情绪，来获得他人的亲近。在大家志气昂扬、得意非凡的时候，你忽然以退为进，表示谦让，别人就会对你产生极好的印象。

得意的情绪

"得意"的情绪，和上述"沮丧"的情绪相反，和它相当的本能是"自尊"。产生"得意"情绪的原因，是你看到周围的人都不及你。我们在许多时候可以利用这情绪,以使他人对我们服帖。例如要讨好一个人,而你的目的是要他同意或履行你的计划,那就可利用他那"得意"的情绪和"自尊"的本能。把他抬高到重要地位,使他自命不凡,而你就在他自命不凡的时候借重他。这是做领导的人在用人方面的不二法门。

爱的情绪

最后,我们要讲"爱"的情绪,与它相对应的本能,就是所谓父母性的本能。有一个时期,这个情绪超越一切情绪,因为婴孩只要有父母保护,什么"惧怕""愤怒"等情绪,都可全然不用,仍能生存下去。

照理,这个情绪应该是相互的,父母怎样爱儿女,儿女也该怎样爱父母,然而事实上,天下只有"孝顺的父母",很少有"孝顺的儿女",这自然是因为婴孩年幼,没有父母的爱护,无法长大,而父母虽然年老,但还可自立,即使不能自立甚至去世也是一种自然现象。

应该怎样利用"爱"的情绪,达到善与人相处的目的呢?可利用的法门非常多,例如在美国,许多议员之所以赢得选举,不就是因为他们在路上和孩子们亲吻的缘故吗？

　　我们总算把人类所共有的七种基本情绪说明白了。倘若你懂得这七种情绪，知道什么样的情境引起这些情绪，它们又怎样和基本的本能相关联，那你对于人类心理的认识，已经具备一定的基础了，进而再研究实际的处世之道，你就大有把握了。

第三章

识得对方的性格

我们已研究过人们的七大情绪，这是人类所共有的情绪。懂得这些情绪，按说即可利用它们，善与人们相处了，其实不然。人类是复杂的动物，很难用简单的原则概括一切。前面所说的七大情绪，乃是人们所共有的基本情绪，随着人们逐渐长大，各人所处的环境和所受的教育不同，有的对于某几种天性发展良好，有的对于另几种天性善为栽培，结果就造成各人不同的个性和脾气。因此，单知道一般人的共同心理还不够，还得进前一步，研究各人的特殊脾气，进而与之周旋。也因为这个缘故，我们要在这里专门探讨脾气和个性。

当然，在讨论这个问题时，仍假定人们的脾气虽各不相同，但大体上还是有相似之处。否则，讨论就无从下手了。可以把一般人分成若干类，知道某人属于某类，就用应付该类人的方法去应付他。

内向型与外向型

我们可用许多方法把人们分类，例如可用性别的标准，把人们分成男性或女性；可用肤色的标准，把人们分成黄种、白种、黑种等；也可依各人所做的工作，把人们分成脑力劳动者或体力劳动者。但这些分类法，没有多大用处，因为我们所注意的，是为人处世的问题，我们首先想要知道的，是这人的脾气如何与那人不同。上述的几种分类法，对于我们当前的目标，并无太多指示作用。

例如就男女的分类来说，男女之间脾气不同，并没有我们一般所设想得那么大。一个家庭主妇，她的脾气可能完全与男性相同：喜欢控制人，善于算计，残忍，喜欢户外运动。反之，她的丈夫，也许十足具备太太们的脾气：小气量，退缩，不会打算，喜欢躲在火炉旁边享受他的写意生活。

倘若我们用种族或民族的标准来分类，困难亦复相同。我们喜欢做这样的结论：尼格罗人不喜欢鲜艳的服装，犹太人善于经商，意大利人有音乐天赋。然而这种特征，与其说是性格上的区别，不如说是社会风俗上的区别，而这种区别对于我们应对眼前

第三章 识得对方的性格

的人又有什么助益呢?

但心理学家根据心理倾向来把人们进行分类的方法却对我们有实际的帮助。他们根据人们的性格,把人们分成下列两大类:

1. 内向型。

2. 外向型。

内向型的人是比较静默的人,喜欢把他的情绪和思虑向内观看,相当于通俗所说的"内省型"的人。例如音乐家,通常都是内向型的人。外向型的人是好动的人,不注重内省工作,而侧重外界事业,相当于通俗所说的有"干才"的人。例如灵活的推销员,通常都是外向型的人。我们知道谁是内向型的人,就可用对付内向型人的方法去应对他;知道谁是外向型的人,就可用对付外向型人的方法去应对他。这样,我们的应人术与处世之道就可用得得心应手了。

内向型人的特征

凭下面这些特征,你就可知道对方是否是内向型人:

他不多笑。

他说话正经,绝不敷衍,虽得罪他人,亦不爱计较。

聪明人是怎样社交的

他容易受窘。

他比较吝啬。

他的身体动作甚为迟缓。

他所写的比他所说的更流利。

他喜欢辩论。

他不容易交友。

他管理自己的东西非常当心。

他容易动摇，容易踌躇。

他不时地改变主意。

他极注意细小地方。

他不十分与异性接近。

他在大众面前局促不安。

他不时地忧虑。

他容易恼怒。

他一个人的时候，工作最有成绩。

他的兴趣，偏在思想方面。

他不时地想入非非。

他非常谨慎。

他做任何事情都有一个理由。

他不愿被人命令。

他不时地表现出垂头丧气的样子。

他喜欢正确，喜欢精密。

他易为赞赏所激励。

他喜欢独立解决问题。

他喜欢猜疑。

他的意见易趋极端。

他不能忍受失败。

你是否明白，这种研究对于我们的处世之道大有帮助？假如我们知道某人的性情如此，就知道他是属于内向型的人，也知道怎样去应对他会有成效或失败。假如他不大喜欢笑，那我们不必和他讲笑话，应多和他讲正经事；假如他容易发窘，那我们不必把他介绍到大庭广众面前，叫他临时演说。反之，假如他做人非常谨慎，那你的谨慎行为，就可在他脑中留下好的印象；假如他喜欢赞赏，那你的赞赏语句定可使他帮你的大忙；假如他不喜欢别人命令他而喜欢和人辩论，那你若想得到他的帮助，就不能用命令的口气去命令他，应该用理智的论辩去和他磋商。

怎样与内向型人交往

这里有一个故事，说明对于内向型人，我们可用怎样的方法去应对。

◎ 聪明人是怎样社交的

美国一家超大型的商业机构,其刚上任的总经理,命令全国分部经理都去见他,据说也许会有人事上的调动。分部的经理,奉命而行,一个一个地走到总经理的办公室,但没有一个分部经理与其谈得投机,各人高高兴兴进去,可退出总经理室的时候,都像碰了一鼻子灰似的。

终于轮到薛克孙了,他是美国最西部的一个分部经理。他进去之前,别人都和他握手,一半算是对他同情,一半也算是开他的玩笑,因为大家都知道,他的命运将和其他人一样,自讨没趣。经过三十分钟的会谈,他离开经理室,满面笑容,并对大家说:"明天将有午餐宴,餐间你们都得静心听我讲述管理分部的方法。"

"什么?"大家惊异地问。

"一点儿不必惊奇,新总经理已和我决定了这件事。"

"新总经理和你?你用催眠术了吗?"

"并无催眠术,只是一个个性问题。"薛克孙这样说道,但大家都不懂他的意思。

此后,一位和薛克孙非常相熟的分部经理,得到了这事的全部解释。

"我只拾起了一枚别针,"薛克孙一面笑着一面解释给他的朋友听,"你记得那句成语吗?'看见一枚针,赶快拾起它,这样,你就终日快乐了。'"

"我要知道真实的情形!"朋友催促道。

第三章 识得对方的性格

"我在告诉你真实的情形啊!事情是这样的:我一进门,发现总经理室的布置全然两样了。你记得从前总经理室的布置吗?满台子的文件,东一张西一张,摊在台子上。香烟灰沾满烟灰碟的四周。总经理自己的衣服也随随便便地向衣架上一掷,一只袖子向天,一只袖子拖地。你记得吗?"

"我记得。"

"现在不同了,完全不同,我看不见一点儿烟灰,也看不见零碎的文件纸,什么都归了案,上了档,放在台子的中心了。他自己的衣服也很整齐地挂在衣架上,绝不是随便扔在衣架上的。

"'早安!哥曼先生。'我一进门,就跟他打招呼。

"'早安!请坐。'这是他的回答,一脸的冰冷神情。

"我走近他桌前的椅子,正要坐下去的时候,忽然对他说:'啊,请原谅。'我屈下身去,从地板上拾起一枚别针,放在台子上面的玻璃缸内,然后坐下去对他说:'有什么吩咐,哥曼先生?'这就是当时的情形。"

"就只如此吗?"

"就只如此。我们以后所讲的,都是关于公司的正经事。但你懂得,哥曼先生是爱好整洁的人,他很整洁地布置他的办公室,处置他的物品,他绝不喜欢有一枚别针落在地板上。"

"他对那枚别针,曾说什么话呢?"

"他表现出颇为惊奇的样子,然后说:'谢谢,薛克逊先生,我现在要和你谈你过去三个月间的费用情况。'我感觉到他那副冰冷的神情已消去了一大半。

"从那时候起，我们就谈正经业务。我发现他喜欢详密数字，喜欢仔细分析项目，于是就尽我所能地说得完整，讲得周详。幸而我的材料就在手边，不至为难。然而他对我的态度的好转，全在我拾起那枚别针以后。"

"总算你运气好，恰巧有一枚别针落在地板上。"

"但我得招认，那枚别针是我自己带去的，当我屈身下去，那枚别针早就在我手中了。"

这位分部经理终因懂得对方的脾气而获得成功。但他倘若把同样的方法用于前一位总经理，则必然失败，因为从前那位经理是一位外向型的人。

外向型人的特征

外向型人的主要特征，不外乎如下这些：

他易于大笑。

他照顾别人的感觉。

他很少发窘。

他肯借钱给人。

第三章　识得对方的性格

他的动作非常迅速。

他说话流利。

他不喜欢固执辩论，他愿意让步。

他容易交友。

他对自己的日用物件全不在意。

他判断迅速。

他一经断定，就不会轻易改变。

他喜欢宏观纵览，不喜欢微观细究。

他易受异性的诱引。

他在大庭广众前，落落大方，不以为意。

他很少忧虑。

他不顾别人对他的批评如何。

他喜欢在众人面前做事。

他喜欢户外运动。

他很少耽于冥想。

他不是十分谨慎。

他常冲动行事。

他服从命令，认为这是最自然不过的一回事。

他不大有沮丧的时候。

他不讲精密，只求大体无误。

他不受赞赏的激励。

他解决问题时，喜欢求教于人。

他很容易接受别人的语言与动作。

他的大部分意见偏于保守。

他对失败的承受能力强，是一个担得起失败的人。

倘若你了解这些，就很容易理解对方的心理和情绪了。你和他谈棍球、足球，可吸引他的注意，倘若你和他谈爱因斯坦的相对论，也许他就要头痛了。

你赞赏他，他全不感受激励；你举出许多事实的根据，他不会注意你的事实，只注意你的结论。你对他提出一个问题，要他考虑十天再给回音，那时你所得的答案，和他一听见问题时所给出的答案相同，他的判断总是很敏捷，总是不大肯改变。

怎样与外向型人交往

我们现在以一个故事为例，说明对于外向型人该用怎样的方法去应对。

有一位能干的太太，在某洗染公司的分店里干洗一套衣服，洗好后发现衣服上面有个焦疤，很明显是洗时不慎，在洗筒旁边烘焦的。她决意要求赔偿，但公司给她的收据上明白写着："若洗染时质料受损，公司不负责任。"因此她不得不到总公司去见

第三章 识得对方的性格

经理，请求赔偿。

公司职员声称经理不在，但可代为转达，再给回音。一星期过去了，她再去交涉，据公司办事员说，经理已考虑此事，不能赔偿。她要求见经理，对方答说，经理恰巧有事，不能会面。她定下心来，四周一望，看见"经理室"三个字，也不问三七二十一，推门进去，看见一位结实汉子坐在写字台边对她凝视。

她说："早安，戈迪南先生！我是莱赫特夫人。"

"哦！"

"我的衣服被你们弄焦了，我来要求赔偿，共十二元。你知道这事吗？"

"是的，我知道，但收据上写得明白，我们不能负责，敬请原谅，而且……"

"呀，戈迪南先生，"莱赫特夫人拦住他的话头，很轻松地喊道，"你玩高尔夫球吗？"原来她一走进门，就注意室内的环境，希望找个话头和经理寒暄，以期达到赔偿的目的，她终于看见一根高尔夫球棍，于是就在它上面做起文章来了。

"呀，是的，我喜欢高尔夫球，你也喜欢吗？"

"喜欢得很。近来在我们的朋友中，有人正研究如何握执球棍的问题，'梵尔屯握执法'和'联锁握执法'，你喜欢哪一种？"

"我吗？我所用的方法和两者都有点儿不同，而我所得的结果，比任何一种方法都来得好。让我告诉你我的方法，你用那球棍，我用这把伞，你用左手手指，照我的方式，握住球棍，然后……"

"我不愿失去这机会——虽然我几分钟后必须回家。"

"那当然。我几乎忘记那张支票了，我立刻办好，你说的那套衣服，共多少钱？"

"十二元。"

他随即按铃，看见有人进来，就对他说："打一张十二元的支票，给莱赫特太太。"同时，又转头对莱赫特太太说，"趁他们开支票的时候，我来教你握执法，对你球技的进步必有相当大的帮助。"

结果莱赫特太太不仅如愿以偿获得十二元的赔偿，那位经理还送给她一本如何打高尔夫球的书。

我们现在来研究这位太太的应对方法。她看见一根高尔夫球棍，知道这位经理对户外运动感兴趣，所以暂时不和他讲赔偿的问题，而和他谈其所感兴趣的事，这一点使他感觉只有他们两人能够真正欣赏高尔夫球，周围的书记办事员只知道一点儿日常琐务，不能理解生活中有趣的运动。

其次，她请教他握执球棍的方法，那是另一种心理的应用，即我们在前面说起的，每个人都有自尊的情绪，都喜欢自己被人认为非常重要，被人视为对于某一件事具有极高的权威。不过应注意的是，对于外向型人，该从外向型人所喜欢的事情中，利用他的自尊心理，否则，倘在详细与精密的事情上想引起他的自尊心，那就要失败了。

内外混合型

讲到这里，也许你要对这内向或外向的分类法产生疑问了，因为当你阅读完上面的文字时，你感觉对于这两种类型的特征都具备，因而不能断定自己是内向型人还是外向型人。

例如你对自己说："我自己在大庭广众面前，很容易窘迫，我喜欢论辩，也非常当心自己的物件，所有这些，都是内向型人的特征。可是同时，我又喜欢大笑，喜欢花钱，不容易受赞赏的激励，所有这些，都是外向型人的特征。我既有内向型人的特征，又有外向型人的特征，我究竟属于哪一类型的人呢？"

我们的回答，你是一个内外混合型人，大多数人，都和你一样，属于内外混合型人。完全内向或完全外向型的人，并非精神健全的人，唯独内外混合型人，方属精神健全的正常人。不过，有时内向型的特征比较多时，我们就可用对付内向型人的方法去应对；有时外向型的特征比较多，我们便可用对付外向型人的方法去应对。

还有一点值得注意，即我们于某人身上，发现一定的内向型特征以后，即可据以推测内向型的其他特征。例如你要接近某一个人，你知道他有这些特征：他不愿借钱给别人，他的动作迟缓，他极固执，不易与人结交，而且他的主意又经常改变。因为你和他接触的机会有限，所以你虽知道他有上述特征，但对于其他方面，也只好推测了。

　　上面所说的都是内向型人的特征，因而他的脾气多半是内向型人的脾气吧？也许他喜欢辩论吧？也许他不顾及他人的感受吧？也许他对于自己的日用物品非常用心吧？你这样推测，也许正确，也许不正确，那么有无实用的办法，可帮助我们去认识他人的脾气呢？要是我们能看相，而看相术确有科学根据的话，我们就可利用看相术去认识辨别他人，从而善与之接近，那岂不更好了吗？

　　有没有专门的方法去达到这样的目的呢？这是我们下一章将要讨论的问题。

第四章

比较靠谱的看相术

关于看相或相面的方法，自古以来研究的人，可谓很多，但其结果，还是模糊不得要领。有几种外形，似乎确能表示一个人的个性，若凭借一个人的外形，确能窥探一个人的个性或脾气的话，下面几个例子，可算是相对可靠的结论了：

1. 身材高大的人比身材矮小的人，更易占据主动性，更易与人接近，也更容易做领导。

2. 躯体较大、四肢较小的胖子，比其他人更直率、和悦、诙谐，因而易与人交往，容易被一般人接纳。

3. 躯体较小、四肢较大较长的瘦子，比其他人更镇定、庄严，因而不易与人接近。

4. 凭一个人的字体，可以决定其为男性或女性。

5. 头部或长或短或阔或狭，可于一定范围之内，决定其智力与部分个性。

6. 爱好整洁的个性，可于一定范围之内，从他的书法与字体中观察得之。

除了这几种有限的特征以外，其他如手心的纹线，额部有部分突出，嘴唇噘起或撇下，耳朵的卷束与张开等，均与一个人的个性或脾气没有直接关系。关于这些问题，著名的心理学家奈特·邓拉普教授曾说过这样的话：

我们不必过多研究，就可断定现代一般人所说的看相术没有科学上的根据。假如他们所说的话，确有一部分是灵验的，那真是碰巧的奇遇了。他们于论述这类事情时，既没有生理学的知识作为依据，也没有心理学的研究作为支撑，更谈不到发生学方面的论证了。事实上，他们连最简单的统计学或实验方面的原则，也不曾应用过。

他们只靠几个特殊事例作为依据，其实，有所依据，已经算是很好的了，他们的理论的主要部分，还是凭借单纯的瞎猜……他们各自提出一套理论，在这人与那人的理论中间，充满着各种矛盾与冲突，单就这些矛盾与冲突而言，已足使一般人对他们的看相术产生怀疑了。

研究情绪的反应

换言之，科学不承认个性与相貌之间有何种关系，我们不能凭着一个人的相貌，来断定他的个性如何。不过反过来说，科学却承认一定的情绪具有一定的外貌上的反应。例如一个人面色苍白,四肢战栗,我知道那是惧怕的表现;若是他悲伤,他的眼睛自然充满泪珠;若是他快乐,他的嘴角往上扬,他的心跳增速;若是他愤怒,他的牙齿咬紧。他的任何情绪,都有一定身体上的改变与之相应。

这些身体上的改变,大半起源于身体内部的状态改变,在心内、胃内、肠内、肺内、肌肉内、血管内等,这种内部改变的影响,常反映到面部及其他身体外部的动作。为什么会这样呢?西蒙兹是这样解释的:

某种情绪发生时,身体因交感神经系的作用,立即增强肌肉的活动,准备做强有力的斗争或逃遁。心跳增加,可把因疲劳而产生的毒素很快地除去;呼吸变深变快,其目的亦在飞快移除血液中的二氧化碳——那种因剧烈的新陈代谢作用而产生的二氧化碳。

血液从消化器官中退出,集中在肌肉内,同时胃液的分泌亦变得迟缓。瞳孔放大,可使较多的光进入眼睛;汗腺分泌增速,可使身体的热度得到调剂,不致因剧烈活动而热度过高;胆的部分,把糖汁放到血液中去,增加血液流动的力量;肾上腺素的分泌增速,一方面可移去身体的废料,另一方面可促进血液的凝结——万一外皮受了伤,血液需要快速凝结。

表情与情绪

一个不时地有相同情绪产生的人，他的面部、身体、外表的动作上，都会留下相应的痕迹。假如他笑得很多，其眼角旁边就有轻微的皱纹，嘴角旁边就可辨出有一对像圆括弧那样的纹路。假如他不时地忧戚，其额角就会生出皱纹。假如他罹犯"自卑的情绪"，他的动作就会处处回避他人。不时地观察其外表特质，也许就可根据一个人的面相，推测其个性、脾气如何了。

观察对方的面部表情，观察对方的动作倾向，研究对方不时做的动作，那你多少会得到一点儿暗示，知道对方是怎样一个人，应该怎样去应付他。每个人都有同样的感觉，也许都有同样的经验，以为看了对方的相，就可大约知道对方的为人。我们碰到一个人，发现他的嘴角老是向下撇，便知道他是抑郁不乐的人，因而不愿和他接近。

然而事实上，有几个最有趣、最讨人喜欢的人，就是看上去像是非常抑郁的人。这样，我们要认识对方的真脾气，就不得不用更为可靠的线索了。

研究特殊情境中的反应

一种比较可靠的线索,就是研究对方在某种特殊的情境中,会有怎样的反应。看他在该情境中的姿态如何,面部表情如何,声音腔调如何,行动如何,当然最重要的是听他的措辞如何。看他在该情境中的反应如何,就可推断出他在相似情境中的反应。

美国有一位著名的商业行政人员,他每聘请雇员,必要进行口试,口试的第一个题目,即为突然发问:"你能对我们的公司有何种贡献?"

他问这个问题总是脱口而出,被问的人往往狼狈不堪,讷讷无言以对,若真无言以对,那就没有被录用的希望了。

他的理由是这样的:"我们这样的公司里,需要有头脑的人,若他对我的问题感觉困难,那他对于客户的问题亦必不能回答。"

的确,一个知人善任的人决不喜欢百依百顺的人,百依百顺的人,从一方面讲,固然能够服从,但从另一方面讲就是缺乏头脑,缺乏判断力,担当不起重要责任。

当然,我们凭一两个特征来判断人的整体行为,是不可能的事。人类的行为实在太复杂了,任凭你推究得如何完备,也总不能概括一切。在这里,著名的教育心理学家桑戴克有很中肯的评论:

事实是这样的,一张整齐简单的人类行为图,大多都是不正确的，在我们没有把足够多人的几百种行为都排列出来以前，不能制出这样的图表。

人类的天赋本性，天赋智力，本来不同，再加上学习和训练的经历导致个性也不相同。每个人的情绪如何，应考查他的全部行为，从而得到一个结论，不能从简单的几个征象，纵身一跃，就总结出概括的理论。

默察别人的思想

的确，我们不能凭着少数几个外部特质，推断一个人的全部情绪，然而凭着周详的默察，却能够推测一个人的思想，以及这个思想在他身上所引起的情绪反应。哈佛大学的前教授蒙斯退堡是心理学界研究情绪的先驱人物，他说过这样的话：

假如在家庭谈话室内，我们提起一个男孩子的名字，面前的姑娘就面红耳赤，那任凭她怎样否认对他的好感，我们都无法相信。假如她拆开一封信，且读且现愁色，那任凭她说这封信多不重要，我们所了解的都要多得多。假如她和你谈天，任凭她怎样说，她的兴趣全和你一致，但如果一个年轻的客人走了进来，她见了之后，即刻感觉两样，她的手指很不自觉地玩弄扇子；她的呼吸逐渐变得深长；她的瞳孔逐渐放大，表现出渴望的神情来，那你就可知道，她在等候那个年轻人过来。万一他不过来，她就会感觉很失望，微笑虽仍挂在嘴边，然而观察她的神情、眼色、微微颤抖的声音，你就知道她的失望程度是相当深了。

也许你每天都在运用这一类关于情绪的知识，虽然你自己毫无察觉。不是吗？你看见他面红耳赤，你知道他发窘了吗？你看见他脸色惨白，四肢发抖，你知道他惧怕了吗？你看见他出了很多汗，你知道他焦急了吗？你看见他肌肉胀大，你知道他喜乐了吗？你看见他青筋胀起，拳头握紧，你知道他动怒了吗？

默察这些情绪，研究是什么原因使其产生这样的情绪，根据这些情绪而发生的现象，你就可以得到一个线索，可以揣测这人的个性了。要是天下确有可靠的相面术的话，这至少应当算是比较可靠的了。

高明的马路摄影师

在美国，任何著名的旅游胜地，总有一两个人手持照相机，替往来的人照相。他们替你照相，不会先征得你的同意，而是替你照好了以后，给你一张说明，告诉你只要寄两角五分钱去，他们就会把相片寄给你。这是一个比较冒险的买卖，人们是否会寄两角五分钱来向你购买照片，全依赖于你对被照相的人的认识是否正确。他们收入的多少，就全看他们识人的能力是否高明。他们对于识人方法的见解，应该是专家级别的了。曾有人根据这种心理去问这些人的识人方法，他们的对答，应该是我们最好的参考资料了。

"你用什么标准，来决定这人应替他照相，那人不应替他照相呢？"一个人问他。

"照过第一个一百万张相片后，就很容易判断了。"他回答说。

"但你所用作观察的着眼点，究竟是什么呢？"

"衣服是一个着眼点。你看一个人的衣着如何，就可决定他能否花两角五分钱。"

"但他有钱，并不表明他愿意花钱。"

"当然不是，因此你也得看他们的面孔，他们走路时候的那副姿势。"

"他们的面孔或姿势，究竟能表示出什么呢？"

"那或许就是你们所谓的虚荣心。我们看一个人的嘴角，可以猜得出他的心思；他走路时的姿态，也可表示出他自尊心的强弱。一般来说，我总拣选身体挺直的人照相，又拣选步子较紧的人照相。"

"假如你用虚荣心来做标准，那你应当多替女人照相吧？"

第四章 比较靠谱的看相术

"那也不见得,男女购买相片的比率是相等的。"

"在你所照相的人当中,约有怎样的比例送两角五分钱给你呢?"

"约有百分之十二。"

"这个比例不能算大吧?"

"也不算小,着实可靠此生活了。当我替他们照相时,我知道每一个人做我客户的可能性很小,我知道他们当中有许多人不愿买这照片,我只能大部分依靠瞎猜。而且有许多人,也许存心要买照片,但把那张说明书遗失了,无从买起。也许有人存心想买,但要邮局寄两角五分钱实在费事,因而也日久遗忘了。但大多数人已经拍过并买过相同的照片,因而不愿再买。"

"但如果你随意瞎拍,也能得到百分之十二的比例吗?"

"当然不能,我都试过,成绩都不好。我最初做这工作时,速度极慢,我每看见一个人就要询问自己,这个人衣服很漂亮,走路的姿势也很特别,好像全城之内,只有他一个旅行者,因而他愿把相片寄回家去,我决定替他照相。那时候,我自以为很能识别他人的性格了,但结果只有百分之五的购买率。

"于是我总结,原来所谓看相的事,是靠不住的。愿意购买照片的人的比率,只是一个平均数。我只要拍足人数,总有百分之五的人会购买照片。其次,我们又用一点儿分类的方法,我某一天专照胖子的相,某一天专照瘦子的相,某一天专照高人的相,某一天专照矮子的相,某一天专照青年人的相,某一天专照年老者的相，结果表明，每个群体中，都有差不多相同比率的人来买。

"但在同时期内，我们的老板抱怨我了，说我的生意做得不大得法，于是我只好向另一个同行去请教，他所得的比率那时平均有百分之十，比我高得多。他说他愿意帮助我，但无法说明方法。

"他告诉我说：'我不能教会你适当的方法，我想这也许与本能相关，但我很快把经过的人看一遍，就知道怎样的人有送钱来的可能，怎样的人定然会把那张说明书撕碎。'

"他虽未说明具体方法，但我得到了一些启示。我当时想，我早就应该想到这个办法。我急忙回到自己的地段，尽我所能地在看一眼之后就决定是否替他照相。在替他们照相后，就把那张说明书递给他们，同时又观察他们如何处置这张说明书，倘若他们把说明书撕碎了，我就注意他们的动作和姿态。我现在已经不必再回头去看他们领受说明书后的态度和神情了。"

询问的人觉得要问的话问完了，就立刻离开摄影师，但忽然间又回转头来，问摄影师："你为什么不替我照相呢？"

摄影师笑了笑，随即回答说："那也简单，因为人们所拍的照片不仅用来给自己看，也用来给别人看。我一看见你头上戴的那顶破旧呢帽，就知道你不是我的客户了。"

提问题的人一听见"那顶破旧呢帽"这几个字，连忙走开了，因为今天他出门的时候，他的夫人还对他说过这样的话："你这个人真是不求上进，还戴着这样破旧的一顶呢帽！"

我们不得不承认，这位马路摄影师实在是一个相面专家。他告诉我们只有实践，只有反复地实践，才能帮助我们认识别人的真正性格。他通过研究人们的反应，认为人的虚荣心是他应遵循的判断依据。要懂得别人的性格，我们也该从研究别人的反应入手。

我们的注意点

要晓得对方的反应，应把注意力集中在生理学方面，使你了解对方的性格，不是他的身材，他的躯体，而是他的面部表情，他的身体动作。应注意下列事项：

他的姿势。

他语言用词的改变。

他音调的改变。

他双手的动作。

他的眼睛。

他的喉咙。

依照这些线索，足可作为其情绪的指标。虽然，单凭这些线索不能表示别人的整体性格，但若进一步研究哪些事情可以引起这些情绪，可以激起这些情绪指标，那你就可明白，怎样的事情可以导致哪种性格了。

关于你的对手，可不时地提出这些问题：

什么东西使他害怕？

什么东西使他发怒？

他喜欢什么东西？

什么东西使他自得？

什么东西吸引他的注意力？

假如你能把他放到实验室中去，创立一个足以激发其情绪的情境，再用精密的仪器测量他的心跳、他的肺部、他的胃部、他的腺液、他的肌肉，那你对于他的性格，必然可以有极多的发现与认识。然而我们不能把一个人放到实验室中去实验，因而我们不能不退一步来研究他的动作。

若是现成的环境与你所要寻求的线索无关，那就得创造一个环境，问他几个问题——几个和你目前的兴趣相关的问题，赞美他几句，挑拨他几句，介绍一个谈话题目，那时候你就可以发现他的兴趣何在，他的意见怎样，他行为的总泉源在何处，注意他说的话，但同时还得进前一步，看他说话后面含着怎样的意向，并注意他的动作。

时时训练自己，时时询问自己，怎样才能认识别人。对于别人的认识越深，你和别人相处起来也越容易得法。

这就是我所谓比较可靠的看相术。

第五章

别人喜欢你的原因

凡是和你接触的人，你总要将其做一个评估，而别人对你也是这样。你一进入他们的意识之中，他们就要对你的这种那种特性开始估量，从而形成一定的见解。每次想起你的时候，继续把他们原先对你的评估扩充或改正。

通常他们并不觉得自己抱着一种批评的态度：他们喜欢你或者不喜欢你，认为你这人无聊或有趣、蠢笨或聪明、老实或滑头、懒惰或勤奋，以及诸如此类的观念。有许多见解连他们自己也意识不到，就已经在第一眼看见你的时候形成了，有许多见解他们会暂时保留起来，直到得到较为充分的证据时方才加以判断。有时他们和你较为熟识之后，对于你的个性和品格的最初见解也会改变。

个性是评断一个人的根据。然而它究竟是什么呢？英文中personality一词源自希腊文persona，原为演剧时演员所戴的假面具。每一个不同的角色用一张不同的面具。

个性与品格

你的个性表现在你的外表和行为举止上,别人即可从这上面看出你的内在品格来。他们喜欢你或者不喜欢你,是因为他们认为已经看出了你的品格。至于他们从你身上所看到的是使他们中意的地方还是不中意的地方,那就全在你自己了。

你的哪一点可以使人看中,这固然要看他是个怎样的人。但要记住,人类的感情都是相同的。人类天性中包括七种基本情绪:恐惧、憎恶、惊奇、愤怒、忧郁、得意和爱悦。如果你能在别人心里引起其中之一的情绪,按着那种情绪的性质,他就会被你所吸引或对你敬而远之。至于你的人格中哪一种特殊的性质会在某某心里引起某种特殊的情绪,那又要看那人的个性了。

我们可以再进一步把这一点说得明白一些。自卫是人性中的基本原则。根据这条原则,我们就可以判断我们的某些特质是不是有助于人我的相处。如果别人从你的眼光、你的言语或你的行动上得到一个你是乐于卫护他的印象,这种印象往往是很深刻的,他就会和你站在一起。

说明这条原则可以有许多方式:你使他自觉重要,你使他感到安全，你提高他的地位，你引起他的自负，你迎合他的虚荣心——无论怎样说都可以，只要你懂得这个意思。

让人喜欢你的几种品质

明白了这一点，我们可以看一看究竟有哪几种性质可以使别人喜欢你。这一类性质大概如下：

1. 愉快。

2. 宽容。

3. 真诚。

4. 毅力。

5. 同情。

6. 圆滑。

7. 正直。

8. 可信赖。

9. 不自私。

10. 谦恭。

11. 感恩。

12. 自恃。

13. 自制。

14. 乐于助人。

读上去很像一张美德的名单，是不是？假如是，又怎样？因为它是空洞洞的几个名词，就认为不切实际吗？事实上我可以轻易地向你证明虽然你丑得像一堵烂泥墙，笨得像一头牛，要是这几种美德能够获得一百分，无论什么人遇见你都会成为你的朋友。

你不知道这些品德中的任何一种都会使人觉得和你结交以后对于他很有好处吗？举最后一种——乐于助人——来说吧，我把它最先提起，因为它是最重要的。

为什么别人喜欢你

如果别人看出来你很愿意帮助他，与他合作，走远路去替他做一件事，竭力探出他的嗜好，预先想到他的需要，他就不能不喜欢你。这些行为，触发了他的自负，迎合了他的虚荣心，使他感觉到自己的重要，引起了他的得意情绪。无论你何以名之，它总是很有效力。

用同样的方法再想想上述其他任何性质。如果你是愉快的，

第五章　别人喜欢你的原因

别人会自然而然喜欢你，因为那可以帮助他使他觉得愉快。愉快总是和成功、健康、强壮、安全、权力以及其他和自卫有关的事物相连。

如果你是宽容的，人们也会喜欢你。因为宽容和大度暗示着勇气和权力，一个防卫得很严密，武装齐备而气力比别人大的人，可以无须担心周围的人抱着怎样不同的意见。谁都愿意和这样一个人联盟。

再说真诚吧。那可以无须说明。爱说大话的人，总是靠不住的。有他在身边，谁都感觉不到安全。

再说毅力吧。懒惰不会使人们喜欢你。无论你工作效率高也好，低也好，用脑力工作也好，用体力工作也好，你的工作成功也好，失败也好，不论你的活动属于何种性质，只要你不是一个难以想象的懒惰的游手好闲者就行了。要是你是个不做事的浪子，那你就别想和别人相处得来。

其他的美德也是这样。由于共情，别人知道你和他在同一刺激下能产生相同的情感，共同的利害把彼此联系起来，你和他完全站在了一起。

由于圆滑，他知道你总是在避免伤害他的感情，这就可以表明你在关心着他。

由于正直，他下意识地感觉到安全，他无须防备着你。

如果你是可信赖的，他就知道你可以达到他的期望，知道他能够相信你，可以使他意会到自己的力量。

你如果是不自私的，他知道你不至于掠夺他的利益，与不自私和宽宏相近的是公平和侠义的精神，都是帮助你和人交友的重要品质。

由于谦恭，别人知道你不会和他争高下，夺去他所好。

感恩是表示你对他十分看重，投合他的得意的情绪。

自立的用处是很显然的。如果你依赖着别人，在别人眼中，你就是卑微的、弱小的。

有了自制力，你就不会轻易和他人翻脸，或暴露出足以引起不幸的弱点来。你不至于无端发怒或忧郁。能自制的人才是可信赖的。

这一切似乎都是根据人类仍然未摆脱原始状态的假设而来。是的，人类所穿的一层文化外衣很薄很薄。他受感情而不受理智的支配。现代人的感情，完全和一万年前的原始人类无异。

乐于助人的好处

前天早晨我在大街的一角站着等公共汽车。一辆车子到我面前停下，开车的人向我打招呼："到××去吗？"

"是的。"我说。

第五章　别人喜欢你的原因

"上来吧。"我上了他的车子,他向前开去。

"多谢您的好意。"我说。

"那没有什么,"他回答,"我就是这个脾气。自己有了车子,为何不让别人也坐坐呢?我常常招呼别人搭坐我的车子,今天恰巧是你。"

我们不作声地驶过一段路,于是我有意无意地问他:"您住在这里吗?"

"是的,住两年了。我的名字是史密斯,您知道——开屠宰场的。"

我知道史密斯的屠宰场,没有别家肉铺比他家生意更好了。

"久仰久仰。敝姓赖埃脱,曾经负责过为童子军募捐的事情,好像您也捐过一笔钱。"

"我记不得了,可是也许您记得不错。人家为了好事登上我的门,我总是不拒绝。"

"您一定花过不少钱吧?"

"呃,是的,可是那并不白费。我的生意就是这样兴隆起来的。"

"我以为您的生意发展是依靠价格便宜。"

"不错,那也是我的一种主张。我是一个买卖人,我在这村子里做买卖,我住在这里,如果我要跟村民们好好相处,一定要叫他们喜欢我才行。

"可是怎样叫他们喜欢我呢?我要让他们知道我是他们的朋

友。那不单是指我所认识的人，而是所有的人在内，也许我都会认识他们的。

"可是怎样让他们知道我是他们的朋友呢？我用公平的价钱给他们好肉。也许我把价钱抬得略高一些，也不会就此失去客人，但那又何必呢？我需要他们的善意，甚于需要他们的交易。我知道和气生财。"

"很有道理，史密斯先生。可是捐钱行善事又是什么道理呢？您不会因此而得到利益的。"

"不会吗？您记不记得几星期之前市长的赈济委员会在游船俱乐部举行过一次慈善舞会？"

"是的，我也去参加了。"

"当然我买了一大把票子。后来我忽然想起要是用一角钱一次的抽签方法卖一批熏腿，也许可以使他们多得到一笔钱。我把这意思告诉了他们，他们说可以，我便捐了几只去。"

"您真是热心公益，史密斯先生。"

"那是推广营销的法子呢。舞会举行过后的一天早上，赈济委员会的主席打电话来定一星期的货。我照本钱卖给他，因为那些肉是要布施给穷人吃的。您猜后来怎样？罗德先生——赈济委员会的主席第二天通知我说：'史密斯先生，我们一向不是你的客人，可是从现在起我们要向你买肉了。'"

你怀疑史密斯是一个成功的商人吗？我并不主张你要学他招呼一个站在街头的陌生人坐汽车，也不要你胡乱行好事。但是我要你注意这个屠夫的行为后面的那种精神。他能和人家相处，是因为他们能够看出来他乐于助人、不自私。他并不隐藏这些特性，而是不断地表现出来。

社交美德

从你自己的知识与经验中，你可以想起一百个例子证明我的话。瞧那个被所有人喜欢的人，他一在场，大家就兴致勃勃，是什么道理呢？

他善于交际，不错。可是他为什么善于交际呢？他有应对人的本领，他喜欢笑，他口若悬河，他不露拘束之态，他的个性令人喜欢。

这样的总结已比较中肯，但还可以更进一步。想到这个问题时，你可以判断一下他是否具有下列特质：

他喜欢别人。

他愉快。

他有毅力。

他圆滑。

他宽容。

他不爱争吵。

他不多疑。

换句话说,他有许多我们可以称为社交美德的特质,毅力、愉快、圆滑以及乐于助人。注意他替别人所做的那些小事情,他对于别人关切的事所表现的兴趣,预先猜测到他们的需要,使他们不用拘束,暗示他们可以信任他的那种态度。你只要仔细一想,就会知道乐于助人是他最显著的特质之一。

要是你也希望像他一样与别人合得来,就必须让别人看到你也有那种社交的美德。

第六章

如何让别人喜欢你

你有了被别人喜欢的品质以后,怎样才能使他们知道呢?那是一件很容易的事。把你的本性隐藏起来,总比把它显露出来难得多。

人们凭着他们的所见所闻来评判你。对于你的印象,不外由下列几点构成:

你的外貌、表情、行动、兴趣、动机。

从这几点他们构成了一个关于你是什么样的人的见解,从这几点上他们决定是喜欢你还是不喜欢你。和人们相处究竟是难是易,便可以从这几方面找到答案。

你的外貌

让我们先来看看你的外貌。有几种缺憾是无法弥补的,譬如说你的身材吧,有些人喜欢高个儿的,有些人喜欢矮子。你也许是个身材不够高的人,而你最想要使他人对你产生的印象,偏偏是魁梧的身体里有个智慧的大脑。

唯一的补救办法是不要把这种缺点放在心上,但你也可以用"身高与处世无关"这种思想来聊以自慰。当然,在一群彼此不熟悉的人的团体中,他们在赞誉领导时总着眼于一个身材魁梧的人,你可以在大学一年级新生组织班会时注意到这种趋势,但那种现象的发生只是因为大家互相还不熟悉。

有一个办法就是把姿势摆正。如果一个人垂着头弯着腰,很容易给人懒怠的印象。你常常可以看到一个胆怯的人总不能把身体挺直;弯腰曲背的身体,好像在表示缺乏自信。一个特别高大的人,往往因为必须俯身与人谈话而养成了身体向前弯曲的习惯。

有一种流传的说法是心地正直的人,其外表一定很轩昂。也许这句话并没有什么依据,但事实上大家都这么认为,因此我劝你对于自己的姿势要略加注意。如果要人家相信你,你在外表上必须表现出很自信的样子。所以你该挺起胸膛来。

你的体重也属于你的外貌。无论胖也好瘦也好,总可以和人相处得来。不过一般人常认为瘦削像是有胃病的人,动不动就会发脾气,而胖子则常是一团和气。我们都知道这句话没有多大价值,但在和别人相处的时候,尤其是别人尚未熟悉你的时候,总以不要因为过胖或过瘦而引起他们的注意为妙,能够胖瘦适中最好了。

外貌上其他的固定特征,例如脸部的轮廓、头发的多少、脸部的疤痕、跛足等，都是没办法改变的。大家总喜欢正常的人，但不幸有了缺点，你也不必过于担心，因为这些并不十分重要。

说来奇怪，比你的容貌和身体形态更为重要的是你的穿着。一则因为它遮蔽着你大部分身体，别人不能不注意到；二则因为它是你品性的直接表现。不论你是虚心的还是喜欢吹牛的，马马虎虎的或有条理的，你的鉴赏力是否高尚，别人都可以从你的服装上看得出来。

想想看，人家可以从你的衣服上推想到关于你的一切。他断定你这人有没有钱，干净还是邋遢，时髦还是落伍，虚荣心强不强，头脑激进还是顽固。也许他所推测的不全正确，但那是你的问题，不是他的过失。如果想要别人赞赏你，该记住衣服虽然是一个次要的因素，却能给人留下深刻印象。不要太趋极端。

表情的重要性

比之固定的外貌，无论是身体的或衣服上的，更为重要的是你的面部表情。它是你内心的直接反映，能告诉别人你的态度怎样。

假如你总是板着脸孔，就不能怪别人会断定你有一副恶劣的脾气；假如你老是皱着眉头，虽然也许是因为你在凝思什么事，人家总会认为你讨厌他们；假如你歪着眼睛皱起额角，也许因为你的眼睛不大好，但别人很容易认为这是你缺乏自信的表现。

养成一种招人喜欢的表情，可经常练习养成。第一步我劝你照镜子。不要只是睁着眼睛看你自己，也不要装腔作势。当你读完这一段文字之后，把书放下，走到一面镜子前。且慢！不要移动你脸上的一根肌肉，保持着原来的表情。你的眼睛如果是毫无光彩的，就让它毫无光彩；你的嘴角如果是向下的，就让它向下。你要像别人所看见的你那样看见你自己。好，现在瞧吧。

你满意不满意？我想你是不满意的。可是如果把下颚放坚定些，眉毛略放低些，或者微露笑容，就是你自己看起来也漂亮些了。是的，老兄，你那副经常的表情，也可能是缺少表情，应该改变一下才是。

只要勤于练习就行了，此后你就可以忘掉镜子。记住你的脸部是你内心的透露。你想到愉快的念头，脸上就露出愉快的神情来，如果常常这样，你的脸孔就会永远是愉快的。多注意你周围所发生的事，你的脸就会变得活泼起来。有了自信心，你的神情就会从容不迫。

美好表情的养成方法

我们平常都以为含笑是因为心里快乐，哭泣是因为感到悲哀，咬紧牙齿是因为愤怒，奔逃是因为恐惧。实际并非如此，心理学家可以证明，这种观念恰恰是倒果为因。你快乐是因为你在笑，你悲哀是因为你在哭，你愤怒是因为你咬紧牙齿，你恐惧是因为你奔逃。

因此我叫你养成愉快、活泼、宽容以及其他各种美德，方法是很简单的，只要保持那种表情就行了。每天早晨起身的时候，在你的脸上堆起一个笑容来，要是无法使你的嘴角翘起，就用手指把它掀上去。每天想起就这样做，第二天也是这样，第三天还是这样。不久，你就会发现你的脸上常常很自然地带着一副招人喜欢的笑容了。尤其令人惊奇的是，你的性情也居然会改善许多，人家会更加喜欢你。

但表情并不是静止的，感情的变动反映在你容貌的变化上。从你脸部和态度的改变上，可以表现出你对于别人的观念怎样，不论是有心无心，有意无意。你对于所遇到的人的感情各不相同，因此你的表情和态度也各不相同。

因人而异

你无法用相同的外表、态度和行动在任何时间、任何地点、对所有人产生同样的效果。必须因人因事而改变。用某种态度对待某人是于你有利的，对待另一个人却是糟糕的。最能使甲感动的也许是脚踏实地式的态度和言论，而乙所喜欢的是你的温和与宽容，丙中意的是你的幽默感。换句话说，要应对某人，就必须看准他的特质而使你自己去适应他。

新英格兰有一家大的鞋厂正在闹罢工。工人们组织起来，推举了三个代表去向厂主要求增加工资百分之十五。厂方的现状只能勉强维持生存，再要加工资就要濒于破产了。厂主知道这三个代表在工人中间很有影响力，就和他们分别谈话，结果罢工的事没有发生。

第一个代表进来的时候，厂主装出一副坦白合作的神气。他说："我请你来不是要和你辩论，而是要试试看我们能不能彼此了解。你们为什么觉得必须增加工资呢？"

那工人毫不迟疑地说："因为生活费用升高了，我们只希望我们的工资能够加到足以支撑一家人的开销。那不是很公平的吗？"

"不错，那很对。我也明白黄金的跌价使你们的工资打了折扣，可是你们有没有站在我的立场考虑过？"

第六章　如何让别人喜欢你

"没有。为什么我们要站在你的立场考虑呢？"

"因为我现在的地位和你们的工资关系十分密切。你知道我们所用原料的价格都已经涨起来了吗？"

"我想大概是涨起来了。"

"而且我们的税额也大大地增加了！"

"那我不大清楚。"

"你也知道，我们现在的产品也不容易卖出去。"

"那跟我们没有什么关系，不过你少赚几个钱就是了。"

"很有关系。现在的问题不是我要不要加你们百分之十五的工资，而是要不要付你们工资。"

"你是什么意思？"

"是这样，我们的收入现在连开销都不够。如果再加上仅仅百分之一的薪酬，就要维持不下去了。"

"真的吗？"

"当然是真的，我可以把账目给你看。这是我们去年所买的皮革，一共有那么多钱。"厂主就这样简单而清楚地解释下去，说明工厂眼下的处境。那代表是个有头脑的人，他明白了。

对第二个代表，厂主的态度就完全两样了。他说："我已经考虑过你们的要求，我不能答应。"

"那么我们辞职。"

"很好。你们可以放心，我不会雇用别人来替代你们，你们一走工厂就关门。"

"你的损失要比我们大。"

"老实说,假如我现在关了门,一点儿损失没有。我不能干赔本生意,即使我有财力我也不愿意。我希望给你们公平的待遇,可是我不能赔了本钱来给你们加工资。"

"那是你的事情。我们的工资加不加?"

"不加。"

"那么我们罢工。"

"我要你记住一件事情。我已经在这地方住了几十年,大家都知道我是个公道的人。无论外面的人、厂里的工人都明白我待雇员从不曾苛刻,而且说过的话总是算数。罢工的事若是发生,工人就要吃苦了,我要叫他们明白这是谁的责任。你是一个捣乱分子,是有前科的。我要把我的情形明明白白地告诉罢工工人,我想他们总会理解。你尽管鼓励罢工,工厂会马上关门,可是别忘记工人们将要找你算账,他们并不是好惹的。我说完了。"

第三个是女工代表,厂主对于她又采取了另一种态度。他说:"我请你来此,要你告诉我这次罢工究竟是什么意思。"

她的回答是:"你不加我们工资,我们不工作,就是这个意思。"

"你们不工作,我这厂就不能开下去。工厂开不下去,大家就没有工做。如果我答应加工资,那我每月就要增加三千块钱的出款。我们现在根本赚不到钱,增加工资如果实行了,一个月就

第六章 如何让别人喜欢你

运行不下去了。"

"但是我们做了很好的工作，理应有合理的工资。"

"玛莉亚，你有没有从你的工资里积蓄些钱？"

"我要养活父母，怎么谈得上积蓄？"

"但是你们中间有许多人有积蓄，是不是？"

"可不见得。他们要靠每星期的工钱吃饭呢。"

"那可糟了，我担心这个冬天。"

"你是什么意思？"

"现在物价高涨，既无职业又无储蓄，日子不容易过哩。"

"你可怜我们吗？"

"是的。我知道你们的痛苦，我也很想尽力帮助你们。当然如果真的没有办法，救济金还是可以领到的，你可以相信我，我一个月也可以捐一百元钱去帮助你们。我知道对于几百个嗷嗷待哺的家庭，这笔钱真算不得什么，不比工厂开工的时候，每月还可以有两万元钱拿出来养活你们，可是我只能做到这一步了。"

谈话照这样下去，她开始怀疑罢工有什么意思起来。一个情感丰富的女人，谈话越是继续下去，她对于同伴们的同情越是增长，就越能用厂主的眼光来考虑问题了。

罢工的事最后没有发生。厂主用三种不同的手段修正了三位代表的态度。他用理智和开诚布公的态度对付第一个代表，用坚决的意志对付第二个代表，用同情心对付第三个代表。可是他用同样的诚挚对待每个人。

在应对别人的时候，你所说所做的必须互相一致。你的语言必须和你的神情、你的行动相对应。要是你一面称赞着整洁的好处，同时你所戴的领圈却是脏的，那怎么能取信于人呢？也许你对人家说你要帮助他，但是你始终袖手旁观，那么人家对于你的空话决不会相信。

事实上，一般人相信你的语言，还不及相信你的容貌和行动，脸部表情常常是你真实态度的反映。

你的真实态度和真实动机是与你接触的人需要探索的。如果你所做的两件事不能一致，人家不但会以为你缺少真诚，而且要判定你有不良动机。

被别人喜欢的人

言行一致，使别人从你的外表和动作上看出你的正当动机来，唯一的方法就是有一个正当的动机。记住并且体会下面这几条原则：

人们喜欢能够帮助人的人。

人们喜欢和他们嗜好相同的人。

人们喜欢喜欢他们的人。

人们喜欢和他们相同的人。

人们喜欢能赏识他们的人。

如果你想获得别人的好感，你就必须喜欢他们。如果他们有些地方是你所不喜欢的，那就要多想想他们为你喜欢而佩服的地方。

一种或数种特性不能代表整个人，不要因为某人有些地方为你所憎恶而全然把他一笔抹杀。就是那一种弱点，你也可以研究出一个理由来加以原谅。

怎样喜欢别人

多多练习喜欢别人，尤其是某种特殊的人。最好能够在你的近邻中找出一个你不喜欢的人，使自己喜欢起他来。

先问自己为什么不喜欢他。答案也许是因为你觉得他不喜欢你。再进一步问自己有没有设法使他喜欢你，试着做些事情向他证明你是他的朋友。

对于你所不喜欢的邻居，可以把你的感情分析一下，就会奇怪理由是多么不充分，而且你会觉得很容易发现一些喜欢他的理由。

你真的不能喜欢他吗？那么你还是死了心别再浪费时间，不必再想与他合得来了吧。

已经决定喜欢某人之后，第二步自然就要表示出来，有一千种方法可供选择。向他表示你对于他以及他所关切的事很关切；向他提起一些关于他的琐事，使他吃惊你居然知道得这样详细，记得这样清楚；获得一些关于某方面的特殊知识，使他对你产生兴趣。

对一般人心理的判断

下面这几条关于一般人心理的判断，该好好记住：

他们喜欢感觉到自己的重要。

他们喜欢给予他人恩惠。

他们喜欢别人知道他们。

他们不喜欢受人之惠，因为报答是一种负担。

他们有他们的特殊癖好。

他们喜欢认为你和他们有相同的利害关系。

他们喜欢被人请教。

他们喜欢别人向他吐露心事。

他们喜欢别人注意他们的微小欲望。

第七章

怎样引起他人的注意

和他人相处的方法，第一步就从初次接触开始。事实上，也许你和他人之间以后的关系，要视你最初用怎样的方式引起他人的注意。

吸引注意是很容易的，可是要吸引得适当却非易事，而是一种颇需研究的艺术。吸引注意，换句话说就是引起良好的第一印象，这是一件非常重要的事，值得努力思考。

有一个孩子看见报上登着某商家招聘练习生的广告，就去应征。许多孩子列队等候着老板来开店门。他一看便对同来的小兄弟说："快到家里去，叫你的朋友们多弄些狗来，在墙角边等着。你自己提一只猫放在布袋里，看我眼色，你就把猫放出去。快去！"

老板来了，猫放出来，一群狗争先恐后地扑上去闹成一团，排着队的孩子们都去看热闹，老板走到门口，这孩子迎着他说："先生，没有什么，我刚把他们打发走，我们可以谈谈吗？"

他得到了这个位置，因为他引起了注意。后来他和雇主相处得好不好是另一回事，这故事的要点是表明他如果不用一种特殊的方式引起雇主的注意，就没有和雇主相处的机会。

可以看到这种引起注意的法子用得很适当。这孩子如果摆起两脚朝天头着地的蜻蜓点水姿势来，或许也可以引起很大的注意，但唯一的结果只是被捧出去而已。

第一次和别人见面的时候，别人不会十分把你放在心上。不错，第三者也许会介绍他和你认识，但他的心大部分是在自己的事情上。如果要分出他一部分的注意力来注意到你，你一定要做些什么事或说句什么话，使他的心理发生一种变化，方可以使他的意识中有你存在。

使他们的注意力从其他事物上转移到你的身上，无论是你的容貌，你的言语还是你的动作，换句话说，使他们的思想从内向转为外向而注意到你，最有力的方法是利用动作。

动作引起注意

在林中打猎的时候也许你的眼睛正看向一只鹿，但却不曾看见它。这是什么缘故呢？因为那鹿一动也不动，如果略微发出一些声音来，鹿便吃惊逃走，它一跳你才看见了它，可是它又很快消失了。

这个事实也可以从反面说明。一个有经验的猎人有时看见一只野兽靠近，可是那野兽却还不曾看见他。他一见了它，便连忙静止不动。甚至于他的一只脚如果刚刚提起预备落下去，也让它就这么悬在空中，因为他知道最微小的行动都会引起那野兽的注意。

无论在什么地方，动作总是最能吸引注意的要素。你也许正望着一大群人，其中你一个也不认识。突然有人向你招手，你一眼就认出了他是你的老朋友。你的眼光已经看到他好多次，可是在他不曾有所动作之前你全然不认识他，动作方才引起了你的注意。

你在街上行走的时候，你路过一百家商店的橱窗，其中有一家前面挤满了人。走过去一看，原来是一个年轻人正在表演磨剃刀具的用法。正是他的动作引起了路人的注意。

如何练习动作

综上所述，你可知道静立不动而希望引起别人注意是不可能的。无所表示，结果将一无所成，一定要有行动的表现。

如果在街上遇见一个希望他能注意到你的人，就该向其点头或挥手打招呼。也许你和他不大熟悉？你只和他有过一次仓促的会面，也许他不记得你？那又何妨。如果你有希望他更为熟悉你的原因，如果你有需要引起他注意的理由，你就该利用动作有所表示。

如果忸怩羞怯，不敢和偶然见过一两次面的人打招呼，那么试着不但向认识你的人，而且向认识你但不熟悉的人打招呼，则是一种很好的练习。当然不能越过礼貌的界限，但在礼貌的界限之内，你尽可以做许多事。

引起注意的动作，也许是精神上的，即表达意思的动作，但这种动作如果可能，也必须有身体上的动作相辅助。你立在一群听众之前开始演说，群众的眼光集中在你身上。你暂时得到了他们的注意，但是你会不会失去这种注意或得到更多的注意，就要看你那时所说的话或所做的动作了。

演说的技巧

有一种著名的传道家常用的技巧，是未说话之前有几秒钟静止，听众都在好奇等候着将有什么事发生。于是他突然伸出手来，指着会堂的中央喊着说："就在今夜，你们的罪恶将被清算！"

他每回总是悚动了听众。那突然伸出的手以及他惊心动魄的呼喊，博得了在场每个男女的全神贯注。我们常觉得那些讲起话来动不动指手画脚的人可笑，但他却利用了最能吸引注意力的一种工具。

还有一个教士喜欢在开始说教以前先把他预备宣讲的道理提纲挈领地讲一遍。虽然他的学问很渊博，但他的听众不但稀少，而且昏昏欲睡。他完全不知道用动作来吸引注意力。

餐后，演说家们曾分享了一开始就引起注意的秘诀。他们用的一个最普通的方法就是先讲一段轶事作为开端。听众可以想象到两个或两个以上的角色在那里谈话或做些什么事，在对他们所说的话语之中就包含着动作。

有目的的动作

成功的小说家们也学到了这种技巧。为了引起注意，他们会在开宗明义的第一页就给人物赋予某些动作。

但单是动作，无论身体上的、精神上的或二者相兼的，都还不够。动作不可漫无目的，它必须有所趋向。前述的传道家也可以用手画一个圈子，但他的听众一定不会激动。他把手伸向一个方向，很迅速地对准一个目标，注意力就集中于他了。

商店橱窗内的表演者如果单单把磨剃刀具开关了一下,把柄转动了一下,也许可以吸引少数观客。但他把钝的剃刀片放上去实地试验,则被吸引的人就多起来了。因为他的动作是有确定的目的的。

诱动好奇心

引起注意的最有效的方法是使动作的结果半隐半露,这样就可以诱动别人的好奇心,想知道下文究竟如何。

传道者的开场白使听众问自己:"他现在将要说些什么?"餐席上的宾客们都在思考轶事的用意究竟是什么。小说的读者读完了第一页赶快翻读第二页,以求知晓这几个角色的故事。

最善于吸引注意力的,要算那些走江湖的滑头叫卖人了,因为他们的生活全赖吸引群众的本领而维持。立上一张小小的可以折叠的垫脚凳,变几套戏法,立刻就有一大群人聚拢过来,想要看看从他手里消失不见的那枚银币到底会从什么地方再变出来。吸引他们注意力的,便是那不可预知的成分。

一个在街头作露天讲演的人先用一支粉笔在人行道上写一些夺目的大字以吸引注意力。路过的人看见他写字,好奇心被激发了，便去读他所写的字。他从容不迫地继续写一些动人的字句，等到写完以后，已经有很多人围着，于是他可以开始演说了。

勿过于新奇

在上述吸引注意力的努力中，你可以看到其中都带有某些新奇的成分。餐后演说家所讲的轶事如果为听众所熟悉，那么就失去了作用。但另一方面，引起注意的设计却也不可过于新奇。在你的言语和行动中间，除了新奇的成分之外，还须有一大部分为你的听众或观众所熟悉。

吸引注意力的时候，主要是要诱起惊异的情绪，但诱起其他情绪或本能也同样可吸引注意力。

愤怒的情绪（指最广义的解释）和好斗的本能常在吸引注意力的过程中很有效。挑战的言辞无疑会使听众的思想集中于你。打赌是挑战的另一种方式。

挑战引起注意

挑战不必专对你的听众而发,也可以请他们做观战者。斗争是每个人所喜欢的,但有些人宁愿旁观而不参加。无论何种挑战,通常总可以引起注意。

但如果希望挑战产生效果,那挑战必须是公平的。大卫接受巨人歌利亚的挑战很能吸引别人的注意力,但歌利亚向大卫挑战能引起多少关注,而且引起的是怎样一种关注呢?

再者挑战必须合理。假如你宣布你可以证明每个公务人员都是贪污的,不论他们属何政党或地位如何。你这种过于广泛的指责不会引起人们多大的兴趣。

尤为有效的挑战是企图把听众在斗争时拉到你的一方,把你的利益和他们的利益合为一体,他们就会非常关心,好斗的本能再加上合群的趋势,你所造成的印象就倍加深刻了。

引起得意的情绪

在吸引注意力的时候常常利用到的一种情绪便是所谓得意的

情绪。如果你的言语或行动足以使他人感觉到自己重要，他就会打起全部精神注意你。

利用这种情绪，当然不能太随便，相对于利用惊异的情绪更需要技巧。譬如说，决不能用太过于明显的阿谀来博得好感。我们姑且假定为了某种充分的理由，你希望用恭维某人外表的方法来引起他的好感，你也许会说："你穿的那一身衣服真漂亮！"

即使对于一个最自负的人，那句话中的阿谀也太明显了，也许会立刻引起他的疑心，以为你别有用意，所得到的反应断然是不利的。反之，假如你说："我希望你肯告诉我，某先生，你这身衣服是哪里做的，我真中意极了。"

这样说其中阿谀的成分并不少于前者，却一点儿不露骨。你不但在恭维他的外表，并且在恭维他的鉴赏力。同时你又使你的兴味和他兴味达到一致，增强了他的自负心。你给他的印象是既良好又深刻的。

发问的价值

发问是吸引注意力的一个很有效的办法，它有两重价值：
1. 使对方觉得自己高明。

2. 使对方考虑怎样回答你。

但仅仅想用发问的方法来开始谈话，也许会毫无结果，而且你的问题还可能会在别人的脑中引起不快的联想。

你的问题也不可显出仅仅由于好奇心的驱动，或似乎在妄议和自己无关的闲事。这类问题很容易引起恼怒的反应，似乎是漫无目的的无聊问题，会使听者厌烦，如果继续下去，也许会使他恼火。

我们可以举一件实例来证明适当发问的价值。《芝加哥日报》的名记者李区有一次访问胡佛，访问的情形后来登在《青年之友》杂志上。

那是胡佛第一次参加总统竞选，他的每一句话都为百万读者所关心。这位记者很幸运地在胡佛的专车里得到一个采访的机会，但是这位竞选人不愿意开口。李区向他接连发问，胡佛只是用单音节字含糊回答，显然他毫无兴趣，李区大有自讨没趣的感觉。后来李区望着车窗外荒芜的山景说："这里仍然是用锄锹探掘矿苗的地方。"

这句话在效果上等于一句质问："为什么科学和机械不曾在这里使用呢？"

胡佛的注意力立刻被吸引了。记者的这句话不单是一个问题，而且也是一种挑衅。矿山工程是胡佛的专业。

"现代的方法，"他说，"已经代替了从前盲目的探索。"然后他就开矿的事讲了一小时，话题随后又转到石油、航空邮政以及其他当前的议题上。

特殊的兴趣

上述故事中还显示着另外一条关于获得关注的重要定律。可以迎合某人的特殊兴趣以引起他的注意。大多数人喜欢解释他们所擅长的事情，就是未来的美国总统也不例外。给其这样一个机会，自然会引起他的注意。

任何事情凡能迎合别人的特殊兴趣而使你在这一点上和他一致，都足以祛除冷漠。它不必是一个问题，甚至于不必是一句话。譬如说，某君是"国际长毛矮脚狗畜殖协会"的发起人，你在街上遇见了他，你的表链上悬着该会的徽章，立刻就引起了他的注意。

为了对自己有利，你所吸引的注意力必须是能得到人好感的。应当先去打探出希望对你产生印象的那人的为人如何，若缺少这方面的充分了解，则必须运用关于人性中各种情绪和本能的知识。

选择适当的情绪

对于你所利用的那种情绪，必须十分留心，要顺应环境选择适当的情绪，同时更须留心你所选择引起的情绪，不可对自己不利。例如说，你可利用服从的情绪使人对你产生印象，用言语或动作引起别人注意，同时使他自感卑微，这并不是难事，但这样获得的关注，对于你没有什么好处。

要记住，引起关注不过是以后彼此间交往的开始。因此如果有可能的话，所用的策略必须和你此后所说所做的有关。人们不喜欢做心理上的矫正，他们知道自己的第一印象是错误的以后，会潜意识地感到恼怒。他们有权利希望你用以吸引注意力的策略不会使他们误入歧途。

大学生们有时喜欢在戏院里玩这么一种恶作剧：在舞台上表演得十分紧张的时候，观众中间的一个青年突然站起来，举着手，高声严肃地发问："这里有医生没有？"

这会引起一阵骚动。于是，在某个角落里，一个人站起来说："我是医生。"

"看见你很高兴，医生。"这位大学生用诚恳的声调说完后又坐下了。

舞台上的表演完全被破坏了。演员和管理人暴跳如雷。观众很有趣地看着这位青年被赶出去。他虽引起了很大的关注，但显然这种关注是不能促进他此后和戏院关系的。

注意的焦点

这样一种恶作剧是不对的,但它却证明了关于引起注意的另外一条基本原则,即注意力必然有一个焦点。这青年和几百个人坐在一起的时候,毫不显眼,等一站起来,他就成了注意力的焦点,因为全场中只有他一个人站着。

如果要引起而不是分散你的观众或听众的注意力,一定不可有太多分散注意力的事物。举两则报纸广告来证明吧。第一则排着满页的字,第二则全页留着很大的空白,只有中间有一段小小的告白。两者间吸引力的差异是不言而喻的,后者明显有一个注意力的焦点。

不要向人提一大堆问题去吸引他的注意力,只问一个就够了。不要同时指几件事情,只指一件就够了。无论你用什么方法来吸引注意力,尽量使它巧妙动人,务必简单。要有一个注意力的焦点。

演艺界人士很明白注意力焦点的价值。他们常常插入编剧者的脚本中没有的句子,表演种种临时加上去的姿势,设法获得比舞台上其他演员更重要的位置。有时一个次要的配角会使主角相形见绌，那是因为配角能够使自己成为注意的焦点的缘故。

利用特点

演员们又知道另外一条引起注意的规则，可以供我们研究利用，那就是"显出你的特点来"。如果你有什么特别的地方，不要因此而烦恼。尽可以利用它作为吸引注意力的工具，表示出你的与众不同来。

有一胎生的三个兄弟，一个叫亨利，一个叫托马斯，一个叫弗农。他们彼此那么相像，谁都辨认不出来，因此他们必须使人们能够从不同的特点上辨别他们。

为了解决这个问题，他们留起了不同式样的胡须。亨利在两颊留着长须，嘴唇上一抹长的横须，恰好呈一个H形。托马斯留着一道横须和一把颔下的长须，一看就知道是个T字。弗农剃光了上唇和前颚，他的胡须下端尖削，成为一个很好的V字。

采用外表上、态度上或声音上的特色作为一种个人标志，这种方式能帮助你获得及维持别人的关注。

第七章　怎样引起他人的注意

鲜明有力的初次印象

须留心不要过于矫揉造作。外表举动越是古怪，越能引起别人的注意，但同时你也越显得可笑。记住你在别人脑中所留下的初次印象，是你此后和他继续交往的开端，这印象必须竭力使它鲜明有力，因为印象越是生动，便越是深刻而持久。

记住你可以利用动作——身体上或思想方面以引起注意，但动作必须有一个目标，其结果不可完全显露。

记住你可以利用任何情绪吸引注意力，挑战是一种有效的方式，发问以使对方思索则是一种很好的技巧。但不要忘记你的挑战必须是合理的，你的问题必须能使你的兴趣和对方的兴趣合而为一。

记住，新奇的事物引人注意，但新奇之中必须掺入大量熟悉的事物的成分。注意力必须有一个焦点。

设法表现出你的特点来，但不要引人反感。不要失去任何吸引注意力的机会，但最重要的是那种注意力必须是你所希望获得的。构成一个恶劣印象比起不能引起注意更为糟糕。

第八章

联络人的秘诀

美国西部中区某城的市政厅书记是全市一切消息的总汇。在各个公园之间修路救济数千失业工人这个计划是否真实？明年税率增加三个点是否必要？过去三个月中离婚案件是否有惊人的增加？某某重要领导是否行将离职？全城的首富某氏是否有控诉当局损害其产业的价值之意？长途公共汽车公司是否要在市区找一处地方设立终点站？诸如此类的问题，他都知道答案。

不用说，当地的报社记者都要向他探听消息。可他是个守口如瓶、绝对不肯走漏半丝风声的人。许多真有新闻价值的消息，都因他的严守秘密而未曾发表。

一个新记者接到了市政消息采访的任务。记者采访了这位书记，问他有没有什么新闻可以发表，回答是否定的。记者问了几个自己认为正在进行中的事，但一点儿确实的情况也探问不出来。

新记者出去的时候，另一家报社的一个记者刚好碰见他，看见他失望的脸孔，笑着说："你好，切尼，你打听到了些什么？"

"毫无成绩。"

"谁也不曾从他嘴里得到过些什么，你还是不用浪费时间去找他了吧。"

"山姆,那家伙有一肚子的材料,我一定要去调查出来一些。"

那夜,切尼到公共图书馆借了一本显克微支的小说《火与剑》。第二天早晨他到市政厅书记办公处的时候,他的眼睛因为一夜没睡而红得厉害。

"嗯,年轻人,你瞧上去昨夜没睡觉吧?"书记嘲笑道。

"是的。"记者回答,"我昨夜和一个名叫赫曼儿尼茨基(小说中的人物)的人在一起。"

"谁?"

"鲍格丹·泉赫曼儿尼茨基,后来我离开他之后,因为一直想着他而睡不成觉。"

"你也对显克微支的小说很感兴趣吗?"

"当然。"

"你读到什么地方了?"

"第239页。"

"巧得很,我也正在读那本书,已经读到374页了。你知道,小说里的事情都是真实的。"

"嗯,我想作者恐怕略微有些夸张。"

"也许他有些成见,你知道他是波兰独立运动的领导,很懂如何写得让人读后惊心动魄。"

于是谈话这样继续下去。后来记者叹了一口气说:"现在

第八章 联络人的秘诀

的大人物们过的生活真单调。这城里似乎什么事情也不曾发生过。"

"你搞错了,"市政厅书记说,"我们四周都有真实的戏剧在一幕幕上演着呢。你知道现在无论哪一天,显克微支笔下所写的波兰人和哥萨克人的后裔之间,都有发生流血惨剧的可能吗?"

"真的吗?"

"约翰·兰福特已经问过他的钢铁厂究竟能信赖警察方面多少限度的保护。"

已经足够了。记者已经得到了一桩他毕生中最重要的消息的暗示,详细的情形他可以去打听出来。

记者和市政厅书记之间产生了一种真实的友谊。每天他们都要谈论小说中所表现的波兰历史上可歌可泣的事迹,总有一些阅报者极感兴趣的消息透露出来。对于别的记者而言,这个书记仍然是一个守口如瓶的人,但是对于这个与他嗜好接近的青年,他却是一个无穷尽的消息与暗示的泉源。

后来过了多时,记者告诉我事情原委。

"你怎么会猜中他最感兴趣的事情?"我问。

"我想要调查出他的嗜好来,"他回答,"就在第一天到他办公室去的时候,我看见他桌上有那本书。在全书读过三分之二的地方有一张书签。一个人若不十分喜欢那本书,决不会把这么厚的书读了这么多。"

"很好,这法子很不错,可是要读完那么多恐怕很受罪吧。"

"受罪?我从未读过比这更有趣的小说了。"

借助特殊的兴趣

也许你需要使某人对你产生良好的印象。那个人若有一种特殊的兴趣,你该把它找出来,自己也培养这种兴趣。能够从其嗜好着手,总是很有利于你和别人的交往的。

"但是如果没有机会从其特殊兴趣方面着手呢?"这是一个很常见的问题,"第一,我对于我所要联络的人了解并不多;第二,我和他相知尚浅,够不上和他贸然谈论偏于个人兴趣方面的问题。"

机会总是有的,只要你能看得准。关于那个人你多少总知道一些,那些知识就可以利用。不必一定是个人方面的。至于说你和他相知尚浅,够不上和他谈论偏于个人兴趣方面的问题,那么我可以告诉你,讲一些他感兴趣的事,比谈论一些他毫无兴趣的事,更能表现出你的礼貌和亲切。

兴趣的种类

兴趣可以分为两种：一种是对于有关系的事物的兴趣，一种是对于无关系的事物的兴趣。

所谓有关系的事物，指与你所想要使别人发生兴趣的事有连带关系的事物。利用那种兴趣，常可以在人我之间建立起良好的关系。良好的经商术的一个基本原则便是迁就主顾的眼光。不要企图别人来迁就你的看法。

业务外的兴趣

许多人对于他们业务外的某些事物比对于他们的本业更有兴趣。通常在办公时间，一个人所做的工作不是出于自愿而是为了谋生，但在业余时间，他所关心的事是他自己选择的，例如组织互助会，种植蔷薇，搜集邮票，和孩子们嬉戏等。换句话说，他最大的兴趣是在他的办公室以外。因此，从业务之外的事情联络某人，比从业务上和他联络效果更好。

之所以从业务以外的兴趣上和人联络更有效果，是因为在业务上你的对手常在提防着你要使他的抵抗软化，可是在业余的嗜好或其他特殊兴趣上，他就会伸开双臂欢迎你。你和他建立良好的关系简直不成问题。

当然，你希望和你相处的人有许多不同的特殊兴趣。如果可能的话，找出他最感兴趣的事，然后从这一点入手去联络他。倘若不能得到这种机会，也该找到你所能着手的他最大的兴趣供你利用。可以不去顾及那种兴趣对于正在进行的事有无直接的关系，主要的目的是使他对你产生兴趣。

表现你的兴趣

从别人的特殊兴趣入手建立一种良好的关系，必须记住要把你的兴趣表现出来。你的兴趣必须是一种真实的兴趣，单单说一句表达你很感兴趣的话是不够的。那也许足以引起谈话，但在对方的究问之下，你无法掩饰你缺少真正的兴趣。

问题在于你怎么能使他人明白你对某事真的和他具有同样的兴趣。答案很明显，你必须对题目有相当的认知——不是可以随便搜罗得到的，而是足以证明你曾有相当研究的知识。

某人越是值得你联络，你越是应该竭力获得一些关于他所感兴趣的事的知识。你所获得的知识当然不必超越他，但需足够使你和他做一次深入的谈话，使他乐于告诉你所要知晓的事。

在建立良好关系的过程中，你的主要目的是实现兴趣上的完全一致。"我们喜欢同样的事物，因此我们彼此感情融洽。"这是很合理的逻辑，由此可以推论下去："我们喜欢合作许多其他的事。"再进一步，通常便是："我愿意为那人做些事情。"

不要以为这种话说得太远，很快你就能实现愿望。

诚恳是必需的

用这种方法联络人的时候，我必须让你们明白诚恳的价值。如果你说你的嗜好和别人相同不过是一句假话，那么不久你的假话便会被人看穿。对于别人感兴趣的事物自己也培养起兴趣来，那么你要表示出那种兴趣并非难事。甚至你可以不必常常设法表现出来，别人自然而然会发现，并且会因为自己的发现而深感喜悦。

总之，以下是联络人的三个步骤：

第一，找出别人有特殊兴趣的事物。

第二，获得该事物的若干知识。

第三，对其表示你对那事物真的感兴趣。

在任何情形之下，若能依照这三个步骤进行，就很容易和别人建立良好的关系。

第九章

怎样立名

"我想去借五万块钱来。"一家出版公司的会计某天在吃饭的时候这样对我说。

"你有什么用途？"我问。

"没有什么用途。"他回答。

"那么为什么要借呢？"

"不过是要造出一个名声来。"

"听上去像是一个不平常的理由。"

"我想不平常的理由才是正当的理由。你知道我们已经经营了五十年，从来不曾借过一块钱吗？"

"我以为那已是一个很稳固的名声的基础了。"

"说是也可以，不过我以为我们应该有另外一种略微不同的名声。"

"我希望你解释一下。"

"你知道最近我们因为广告的关系，改和另一家银行来往。几天以后，我和那银行的副经理谈话，他说：'据说贵公司将要出版两种新的刊物，是真的吗？'

"'是的。'我对他说，'但总要到一两年之后。我们现在

资金实力尚感不足，虽然我想我们可以借一笔钱来。'

"'你想你们可以借到多少？'他问。

"'无限制的数目。'

"他的下一句话使我很吃惊。'我想你把你们的借贷能力估计得太高了吧。你明白你们在外面没有什么信用吗？'

"我不明白，因此他接着解释：'单单准期付账目这一件事，并不能表明债款到期后也会如数清还。假定你们需要一两万块钱办你们计划中的新刊物，银行怎么会知道把那笔数目借给你们是靠得住的？'

"'个人和团体并不靠着运气而得到一个信用很高的地位。他们会设法制造名声。他们利用信用以获得信用。如果借了钱再如期归还，他们就会获得别人的信任，从而可以借得更多些。一个从来不曾借过钱的商人忽然开口要起钱来，银行家总是不大肯轻易借与的。'

"'换句话说，从来不曾借过钱的人，不能像一个常常借钱而又从不拖账的人所能借到那样多，而且借起来也格外不容易。'

"那是这银行家对我说的话。你以为怎样？"

"我想他要跟你做些生意。银行家赚钱就是靠这种本领呀。"

"那当然不错，可是我想他的话确有几分道理，一两年之后我们大概要设法实现我们的出版计划。可是谁也不知道会有什么

第九章　怎样立名

变化发生，我想现在十分有必要建立起信用来，免得万一措手不及的时候发生困难。这意思我必须去和经理先生谈一下，可是我怀疑他能不能同意。他这人很保守顽固，认为富兰克林是历史上最有智慧的人。"

"我不是一个财政专家，不敢劝你借或是不借，但是我可以教你一个计策，你可以对他引用一句富兰克林的话。我可以抄一句给你，很切合这个目的。"

那天晚上我从名为《对于少年商人的忠告》的一篇小文里抄下了这一段：

"凡是到期能准时如数偿还借款的人，可以在任何时间任何情形之下借到他的朋友所能凑集的钱。这有时是大有用处的。除了勤劳和节俭之外，没有比守信和公正更能提高一个青年的地位的了。"

把这段文字寄给他两星期之后，我又和他在一起吃饭。

"有没有开始你建立信用的计划？"我问。

"没有，"他回答说，"我和老头子竭力辩论，把你寄给我的那段文字也读给他听作为佐证。"

"他怎样说？"

"他望了我一会儿不说一句话，到书架上拿下一本书来，翻了几页，说：'这里，读下去。'

"我给你抄下来了。我想你愿意将它一读的，也是富兰克林的一段小小的文字，全文的题目是致富之道：

"啊!想一想你欠了债该怎样办。你把你的自由交给了别人。如果你不能及时偿还,你将羞于看见你的债主,和他说话的时候你会心里害怕;你将做种种拙劣的可笑的推托,渐渐失去了你的诚实,最终说起卑鄙的谎话来,因为说谎是随欠债而来的罪恶,一个自由的美国人,和任何人见面或谈话,都该堂堂正正、无愧于心。"

"我又和他辩论了一会儿,但是我知道没有用处,他以从不借一块钱的名声自傲。他有几个此类信条,是不可改变的,即使富兰克林也不能使他改过来。"

我把这个故事告诉你,不是要把借债以建立信用与不借债以建立不欠外债的名声进行比较,我的目的只是要证明,名声是可以建立起来的东西。

建立名声的原则

做了一件特殊的事,或者在某种环境之下做出一种特殊的行为,也许会给人一种你是怎样一类人的确定印象,但这种印象是要经过时间检验的。

此后和你的接触将会证实或加强那种印象,也许会把它再作扩充，也许会把它完全逆转过来。

在建立名声时，有四条原则必须遵守：

1. 确定你所要建立的是怎样一种名声。

2. 利用每一个机会把足以增进这种名声的各种特质表现出来。

3. 言行始终一致。

4. 切勿贬损自己。

为什么要确定你所要建立的是怎样一种名声？理由是因为你本来就已经在获得一种名声，不论它是你所喜欢的或不喜欢的。

你说话也好，静默也好，人家对于你总会产生一种观点，或者说你太鲁莽，或者说你太怯懦，或者说你很亲切，或者说你很自私，或者说你聪明，或者说你蠢，或者说你是个快活的人，或者说你脾气不好，或者以为你是个有趣的人或有结交必要的人，或者以为你是个不值得放在眼里的无足轻重的人物。

你所造成的是怎样一种名声，对于你的处世是一个重要的影响因素。往往某种行动全然依赖某人的名声而成为可能，但另一个人因另外有一种不同的名声，便做不到了。名声往往使一个人在极端不幸的情形下免遭一般人的谴责，这种情形如果换作一个名声较逊的人，则难免身败名裂。好的名声不但可以促进人我之间的关系，而且还可得到意外的收获。

在确定你所要建立的是怎样一种名声时，当然要着眼于各种美德：服务、宽容、真诚、正直、坚定等。你必须是别人所喜欢、佩服而且信任的那种人。

精密的分析

但是你不能仅仅笼统地下决定,而是必须从各方面做精密的分析。你如何才能为人服务?对于哪些事情你是宽容的?在何种情形之下,你曾经向别人表明过你是正直的?在哪些事上你是坚定可靠的?

你想让人家认为你是怎样一个人,必须先给自己描绘一幅清晰的轮廓,一切依照它的思想而行动。记住,你不能无所表现而希望获得你想要的名声,你必须做一些事情打造你的名声。你必须用实际行动去帮助别人,表示你的宽容和真诚等。

因此,除了固定的美德之外,还必须再加上两个条件:

第一,表现出你的特色。

第二,应当敏于决断。

表现出你的特色,对于建立名声正如对于吸引注意力那样重要。实际上,建立名声可说是用继续吸引注意力的方法形成一个永久的印象。至少在一件事上你应该与众不同。在一群相识者中间,你可以就某个点获得比任何人更多的知识,在某件事情上比任何人更为擅长,不论是叙述蚯蚓的家族生活也好,还是用桃核琢成篮子也好。总之,要在某件事情上做一个权威者或专家。

自信的重要

你不但应当在某件事上是个专家,而且必须时时自信你是个专家。遇到有人发问你专业知识范围之内的事,你就该立刻陈述你的意见,不要犹豫。自己下了决断,便带着自信表达出来,如果你能达到让人家这样评价你:"他若认为这样,那一定是这样,他说的话总是靠得住的",那么你在建立名声这件事上可谓有些成就了。

诚然,你不能神气活现地卖弄你的本领使他人信服,不是用吹牛的方式,而是实际表现出来。留意可以显示你的知识、你的热心、你的亲切、你的技能的机会。遇见了这种机会,你必须把你希望特别重要的特性表现出来。否则,人家就会以为你缺少这种特性。也许你将被认为是恰恰相反的那种人。

言行一致的价值

如果要获得你所希望得到的名声,言行一致是必要的。要是今日仁而明日暴,你就得不到仁的名声。相反,你不仁的名声却已经建立了。要是你对甲很热心地帮忙，然而乙和甲有同样需要你帮助的理由，你却不去帮助，那么你所建立的名声不会是乐于助人，而是徇私偏袒。

言行一致，还有另一方面的价值。在类似的环境中总是凭着同样的精神行事，不但可以为你带来在某种特质上卓越的名声，同时又可以给你一个可信赖的名声。人们希望知道你的立足点，希望知道在某种情形下你将如何行动，希望知道他们可以信赖你到何种程度。要是他们对你怀有疑虑，那与他们知道你并不和他们站在一起同样糟糕。

人们在没有反证的时候，往往只从表面认识你。要是在一群不相识的人们中间挂起一块医生的招牌来，宣称你是治喉疾的专家，他们就会深信不疑。要是再说明在治耳疾这一方面并不擅长，他们尤其会相信你。

换句话说，人们对于你所说的关于否定你自己的话，较之肯定的话更易相信。倘若要人知道你在某方面有特殊的技能，尽管厚着脸皮说出来好了。甚至于略微吹一下牛，也比自谦自逊好得多。人们大都更关心自己的事，而不是要来调查你的究竟。因此他们很愿意让你帮助他们提供意见，即使是对于你的意见。

所以不要贬低你自己，不要让人家看不起你。要是你自己也表示信不过你自己，那么人家又怎么会信得过你呢？

第十章

聊天的秘诀

所有的处世艺术可以包括在一次谈话之中：你估量对手的为人；你自己的个性使他窥察到你的性格；你以你的知识、观点和判断的正确性令他佩服你所说的话；你的外表、气质和动作补充你的言语留下的印象。在谈话中你可以取悦他或使他不快，左右他或受他左右，促进或阻碍未来的关系。人类行为中很少有像谈话一样能影响我们的生活了。

谈话不一定力求精彩才能打动人。不必有讲得一口俏皮话的本领，也不必肚子里装满笑话，你尽管拙于对答，尽管钝于理解，可是你仍可以得到完满的谈话结果。企图和别人争胜负是拙劣的策略，你越是能做到这一步，越不能让他做你的朋友。

谈话艺术大师的劝告

切斯特斐尔德爵士是谈话艺术的大师，曾经留给我们几句智慧的话。他说：

常常说话，但不要说得太长。

对什么人说什么话。

少讲故事，除非贴切而简短，总以绝对不说为妙。

切不要拉住别人的衣袖或手讲话。

随和众人，不要独断自尊。

在复杂的人群中，避免辩论。

勿作自我宣传。

外表坦白而率直，内心谨慎而仔细。

谈话时正面视人。

不要随便传播或听信流言蜚语。

不要模仿他人，也不要赞许他人的模仿。

赌咒是既坏又蠢且粗鄙的事。

高声哄笑是下流群众的娱乐，真实的机智和健全的理性决不会引起哄笑。

以上各条劝告，除最后一条外，我们都能认可。粗声的喧笑固然失态，但发自内心的大笑却于任何人无害。时代已经改变了，"君子笑不出声"这种话已不通用。喜欢笑的人，容易给人较好的印象。

其余各条到现在还是和一七四八年刚写下的时候一样贴切。如果考究起理由来，那是因为它们都是以尊重他人为出发点的。

第十章　聊天的秘诀

各条劝告的理由

例如，你应当常常说话，但不要说得太长。为什么？因为谈话并不是独自一人的事。听别人讲和自己讲比例总是相等的，许多人只知道发表自己的意见而不听别人说话。常常发言可以增强别人对你的印象，但持续不断地说下去容易使他人厌倦而不耐烦。

对什么人说什么话，这理由是很明显的。否则，也许会引起十分难堪的结果，而在对方的脑海中留下一个与你原意相反的印象。尤其是当你批评别人的时候。

有一次，在一个宴会上某人向他邻座的一位太太说起一位大学校长的事情，他对这位校长很不满意，很强烈地攻击了一大篇。后来那位太太说："你认识我吗？"

"不认识。"他回答。

"我就是他的妻子。"

这个人窘住了，隔了一会儿问她："你认识我吗？"

"不。"

"还好！"他如释重负地说。

富兰克林的谈话艺术

谈话中最需避免的一个毛病却还不曾被切斯特斐尔德列入，但另外一个对于人性更有研究的人——富兰克林，却不曾忽视这个事实。富兰克林在早年时曾经做了一张表，表上列举了各种改善自己的美德。数年间他照着这张表身体力行，取得了相当的成就。可是他后来发现还有一种应该实行的美德，那美德是和谈话有关的。我们且听他自己说的话：

"我的美德表起初只举了一两种，可是有一个教友派教徒的朋友好意地对我说大家认为我有些骄傲，我的骄傲常常在谈话中吐露出来，在辩论问题时，我不仅以自己的主张正确为满足，且有些盛气凌人（他举了几件实例证明）。听了他的话，我决心尽力矫正这个缺点。因此，我在表上添列了'虚心'一项，赋予这个词很广泛的意义。

"我不能自夸在'实际'做到这一步上有任何成就，但至少在表面上已经改善许多了。我决定避免一切直接触犯他人感情的话和一切自以为是的独断言论。我甚至于禁止自己使用一切表示确定的字眼，如'当然''不用说'等，而代以'在我看来''我觉得'怎么怎么，或'似乎''好像'怎么怎么。

"别人如果肯定地说了一句我认为是错误的话，我控制自己不去和他发生争辩，直接指出他的谬妄来。我会先说在某种情形或环境之下，他的意见是对的，但在目前的情形下，据我看起来'似乎'有些不同之处等。

"不久，我就发觉我的这种改变所带来的好处。我所参加的谈话进行得更为愉快。我在陈述意见时所用的谦虚的方式使他们更容易接受而较少反对，说错了话也不至于十分下不来台，如果我的话是对的，我比较容易使他们舍弃他们的错误而信服我。

"起初我用很大的困难克服了本性而采用这种方法，后来渐渐习惯成自然，在过去五十年中，恐怕没有人听见过我说一句独断的话。

"除了行为方正的习惯之外，我想我在提议做种种自愿的事情的时候能得到我的同胞的信任和服从，以及在会议场中给他人极大的影响，多半得力于这种习惯。因为我并不是一个擅于口辩的人，字眼的选择每多迟疑，文字上常有错误，可是我的意思总可以表达出来。"

宽容的重要

也许富兰克林对于他所称为"虚心"的这种特质过于重视，但宽容和温和的作用影响之大，是无可否认的。在谈话中如果用了挑战的态度，你的听者就要采取防守之势。在你没有发言以前，他们就预备反对你，而对于你个人怀有敌意，他们争吵的本能也就由此被激发了。

你在任何谈话中无论说什么话，不论是有意的或无意的，你的对手总要加上他自己的解释，这种解释往往和你的原意大相径庭。譬如你叙述自己的一件得意的事情，你自己觉得那是很有趣的，可以表示出你的镇定、勇敢、机警或其他长处来。但别人是不是也这样想呢？也许他觉得这故事颇有趣味，而他主要的印象却是你有些自以为是。

这并不是要你把自己的长处隐藏起来，或是贬低你自己的声望。尤其我不希望你在谈话中缄口不言。如果是两个人的谈话，你该说半数的话；如果还有第三个人在场，你该说三分之一的话；如果在一大群人的中间，那么谈话大概只限于少数人，而其他的人旁听，你该成为那少数中的一个。

尽你的本分

参加谈话是你对于众人的一种义务。如果你对于所讨论的事可以贡献若干知识，就该拿出来；如果谈话的目的只是为了娱乐，你也应该尽自己的一部分义务。你有什么权利静坐享受着听别人谈话的乐趣而自己毫无贡献呢？

可是为了替自己着想，你尤其应该积极参加谈话。如果别人在谈话时你总是一言不发，人家对你的印象不会是那种坚强而沉默的人，而是一个迟钝无味、毫无意见的家伙。

可是假如你真的没有什么话好说呢？无论如何总要想办法说一点儿，不要让谈话中断。可不可以谈谈天气？为什么不？那是一个决不会得罪人的话题。棍球和足球怎样？当然可以，如果对方对运动有兴趣的话。报纸上的一条有普遍意义的新闻，当地政府的新政策，商业景气的趋势以及其他无数可以很随便自然而安心提出的话题，都可以使谈话继续下去。你甚至可以讲到谈话的好处，琐碎的话题也是不容轻视的。

有目的的谈话

然而即使你的话题极为琐碎，也该记住你的谈话须有目的，这目的就是促进你和对谈者之间的关系。你必须使他觉得你是一个理智而观点正确的人。单单无聊的空谈自然不够给他一个良好的印象。你必须知道些什么，如果你能比别人有较多的知识而不以此自傲，那就最好了。

可以在你的谈话中用到的知识，可分专门的和一般的两类。

在某种事情上比其余的人知道得更多，这是公认的一种社交资产。它给你一种无价的名声，使你有机会在你所擅长的某个话题被谈起的时候发表娓娓动听之言。总之你该尽量从读书、观察、实验或其他的方法上得到关于某一特殊领域的可能得到的知识。

但在这个意见里含有两种潜伏的危险：也许一不小心会把你的专门知识强行引入不适当的地方，也许你一开了头会滔滔不绝地讲个不休，阻碍他人发言。在这种时候，你的知识对你是有害而无利的。

如何让谈话成功

关于一般的知识你应该能随时应付。人既是社交动物，就必须尽力和他人维持良好的关系，那么对于世界上所发生的事当然应该知道一些。

得到这种知识的一种最好的方法自然是常常读报纸，还有一个方法是随时留意所发生的事，即使最小的事也不放过。另外还

第十章 聊天的秘诀

有一个法子便是和他人谈话。你和他们不经意的谈话不但可以积累知识以供将来谈话之用，而且也可以使你谈话的技术更加熟练。

只是一大堆的事实虽可以使谈话延续下去，但未必能使你谈话的对手对你产生深刻的印象。理智比单纯的知识更为重要。所罗门曾经说过："智慧是主要的东西，因此去获得智慧吧，可是你在获得一切智慧的时候，第一要获得理解。"从你所知晓的事实上推出一个合理的结论来，形成一种见解，得到一种观念。不但把你所知道的告诉别人，还要把你所想的告诉他们。同时别忘记询问他们的意见。

比起你所讲的事情、你的知识深度或你所表达的意见更为重要的是你的态度。不要加入也许会冒犯他人的闲谈。为了你自己着想，赶快戒除那种人类的弱点。在你对面听你谈话的人，将从你的言语中窥测你的性格，他会疑心你在和别人说话时也在说他的坏话。

为了避免这种危险，问你自己一个问题：所交谈的人，能不能从我的言语和我说话的态度中看出我的精神是乐于助人、宽容、不自私、不猜疑的？换句话说，我是个朋友吗？

做一个谈笑风生的人，并不足以促进人我间的友谊。抱着促进和他人之间关系的目的而谈话，是一件极简单的事。你只要：

1. 有话可说。
2. 说得恰如其分。

3.保持和善、宽容和殷勤的态度。

如果在谈话结束之时,对方能感到愉悦,那你的谈话就算成功了。

第十一章

机智与幽默

"你简直在玩弄炸药。"一个朋友听我说要写一篇关于机智与幽默的文章时这样说道。

"你这话是什么意思？"我知道他希望我这样问他。

"机智对于人是害多利少的，我想起了两个口才非常好的人。他们的谈锋咄咄逼人，为了自己出风头，往往不给他人留一丝余地。因此他们在我认识的人中成为两个最被人敬而远之的人。"

我的朋友是全靠熟悉一般人心理而使他的业务蒸蒸日上的，所以他的话大概有几分意思，而且别人也有过类似的观点。约翰逊博士可算是历史上最健谈的人了，他曾经偶然写过这几句诗：

"一切使人窘困的苦痛，

最难堪的是冷嘲热讽；

命运伤害一颗慷慨的心，

不及蠢汉的侮辱更深。"

威廉麦修斯博士曾经说过朋友间最不幸的嫌隙是起于一两句打趣的话。

反之，传说中的医学鼻祖埃斯邱拉比厄斯却据说常常制作滑稽的歌曲以刺激他的病人的血液循环，其效力比药方更大。《圣经》

上也有这么一句尽人皆知的谚语:"一颗快活的心胜于药饵。"

是的,机智和幽默就像炸药一样,用得适当有惊山拔地之功,但必须谨慎使用。

机智的性质

机智以智力为基础,照我们平常所说的意思,它是一种才华的闪现,把通常不相关的两件事情巧妙地连在一起。它大抵是一种文字上的搬弄花样,不一定使人发笑。

机智需要活泼灵敏的脑力,能随时发现机会,把不相关的观念相提并论,用正面的语言暗示反面的意义。所谓警语者,必须惊人而巧妙。

幽默的性质

幽默与机智大不相同,它以某些状态为构成条件,而不是一种文字方面的玄虚。

和机智一样，幽默也以不调和为基础。一个人头戴丝帽，鼻架单眼镜，神气活现，在香蕉皮上滑了一跤，这是很可笑的，因为原来的威风和此时的狼狈恰成一个对照。可他倘若是个衣衫褴褛的穷人，就是一副可怜相，那就没有对照，也无所谓幽默了。

机智与幽默是两个大不相同的事物，应该记住它们的区别。你尽可以完全没有机智，那对于你的处世全无影响。幽默却是你所需要的，它是使社会这部机器不至于过热的油。

机智你可以获得，幽默却是天生的。机智需要思想，幽默需要感觉。但两者是有关系的，一句话可以既是机智的又是幽默的。

两者都侧重于把通常不相关的事物惊人而巧妙地结合起来。两者过于滥用，都会使人生厌。

机智与幽默的用处

机智与幽默在与人交际上用处很多。我们可以提出下面几项来：

1. 表现你自己的聪明。
2. 引起他人的兴致。

3.压倒别人。

4.缓和紧张的气氛。

5.娱乐。

这些作用中的第一项通常最被重视。人对着滑稽的事发笑，因为他们感觉到一种得意。情绪上他们是在一个安全的地位，可以宽容地俯瞰这一幕喜剧中暴露出来的人类的弱点。

但听了笑话而发笑的人，不一定就会做那个讲笑话的人的朋友。

有时适得其反，要是你模仿我的一个知交特别的讲话姿态，我也许会因你模仿得那样神似而发笑，但一想到明天也许你会对着别人模仿我，心里便有些后怕。即使你的嘲谑全无恶意，但也许我并非因为和你抱同感而笑，而是在笑你。如果是这样，那么我怎么能重视你更为坚实的品性呢？

可是你可以展示你的聪明让人佩服，如果你真的聪明的话。如果你并不聪明，那么不妨自己安慰自己：单凭着聪明而得到的回报是极有限的，不值得花费许多时间和精力以求成为一个聪明人。

引起他人的兴致

若用你的机智和幽默来引起他人的兴致，那你不但值得被他们感激,而且他们确会感激你。一句笑话可以像一线阳光一样驱散浓密的阴云,一切的怀疑悲观、恐惧的暗影,一接触到这一线阳光便都消散无踪。还有什么比这更好的方法可以使你和他人之间建立起良好的关系呢?

机智可以很有效地运用以使反对者哑口无言,但在这种场合中,你也许可以博得第三者的好感,却不要指望和对方建立良好的关系。双方经过一番唇枪舌剑之后,当然会更加厌恶对方,好在他们本来也不希望发展彼此的关系。但各人都希望加强他的支持者的拥护,也许希望影响中立观战者的态度。他们所要求的便是众人的佩服,更善于使用武器的一方能获得更多的喝彩,如果他拥有堂堂正正的态度。

这一类机智是危险的,因为它可以把星点的憎恨之火煽成白热的怒焰,交战的结果也许是你不幸落败。除非你确有制胜的把握,否则,不要轻易做这种尝试。

缓和紧张的气氛

机智与幽默的一个更大的用处就是消解怒气。一句幽默的回答,最有化解愤恨的功效,不是辛辣的讽刺,而是谑而不虐的温和的诙谐。有一个参议员向柯立芝总统陈诉另外一个参议员叫他到地狱里去，柯立芝说："我翻过法律，法律上没有这一条。"

缓和紧张气氛大概是幽默的最大用处。马歇尔副总统接见一个访问者，后者热切地和他讨论国家当前最迫切的需要，他回答说国家当前最需要的是一种很好的五分钱一支的雪茄。

留心几件事

在运用机智和幽默时，如果希望不得罪人，就该记住几件事情：

1. 不要嘲笑别人。
2. 不要作滔滔不绝的长谈。
3. 不要一味滑稽。

一味俏皮、一味幽默会产生不幸的结果，这分多种性质。用很长时间讲一则笑话会使别人认为你这人一点儿不"发噱"；笑话说得太多，老是在打趣，人家便要认为你这人不过是个"噱头友朋"而已。

小丑的名声一传出去，人家便再也不会对你的话认真。马克·吐温在出版其《贞德回忆录·一本真的美丽的书》的时候，就深谙此道。他不敢用自己的真名和笔名，因为不想让他人从他这本书里找出幽默来。柯立芝在大学里是年级中的幽默家，可是一进入政界之后，便把幽默的习惯改掉了，因为他明白民众不会太相信一个说笑话的人。

适当地运用机智与幽默

　　机智与幽默的效果并不单单看它本身的好坏，时间和地点跟一句话的可笑不可笑很有关系。你对某一群人说一句话，也许他们会哄堂大笑，可是对另外一群人说这句话，却毫无反响。或者今天十分动人的一句话，到了明天就全无意味，虽然听的人仍旧是昨天的那些人。必须了解你的听众，而了解听众的秘诀，只有从经验中获得。

　　笑话如果不能使人感到有趣，一个原因是它不合时宜。如果正在讨论某个主题，而你插入一句全无关系的打诨，你也许会自找没趣，那也是活该。机智与幽默是谈话中的调味品，调味品放得不适当反而会使味道变坏。

　　讲无礼或不敬的笑话，有些类似于在不适当的场合说笑话，但并非完全相同。不错，你在一间男子吸烟室中所说的笑话，不能拿到学校的讲台上去讲，但如果希望别人对你产生好感，这一类笑话在何种情形之下都是不说为妙。在每一群所谓思想开明的人中间，总有一个有些顽固的人；在每一群不信宗教者中间，总有一个人还有几分虔诚存留着。不要使他人吃惊，不要对上帝、贞洁或其他人们认为神圣的事物肆意嘲笑。那不但是种恶劣的趣味，而且会使听者看轻你，即使他们听了也在发笑。

心理状态的重要性

运用机智与幽默时，最重要的是你的心理状态。有些俏皮话是含着妒忌的；有些恶作剧是出于残忍的；有些巧妙的批评是带有恶意的毒质的；有些尖刻的反驳是插着愤怒的利刺的；有些模仿只是要暴露别人的丑态；有些所说所做的事，虽然目的只是引人一笑，然而却忘记要顾及别人的感受。这些都是招怨之道。与其一笑而伤人还不如不笑的好。

第十二章

"吹"的艺术

"吹——一个道德上的问题"是曾经出现在美国的一份教育杂志上的一篇论文的题目。作者是一个中学校长，曾经向六个学生发出一张调查表，调查的结果使他大为吃惊。有大约百分之二十五的学生承认他们认为：实际上未曾预习功课而瞒过教师，使其相信他们已经预习过，这件事没有什么不对。

教育家们通常用字都非常审慎，可是这里却用得不大恰当，"吹"并不是一个道德上的问题，它是一个技术上的问题。这并非说谎，其本身并非坏事，它是好是坏，须视其动机而定。你当然不会说我不该学习驾驶汽车，因为罪犯是驾着汽车逃脱警察追捕的。"吹"也是一样，你不能因为它有时被坏人用在不好的地方而武断地说那是件坏事。

虚张声势也许是最高尚的英雄气概的表现。我们不妨举一个例子。有一支法国义勇军的队伍在沙漠中被一大队敌人所围困。援军正在开来，但相距太远，会不会按时赶到呢？碉堡中的士兵一个一个相继死去，最后只剩了六个人。无论如何，决不能让敌人把碉堡夺去，三色旗一定要继续飞扬，直至援军开到。

攻击的敌人如果知道了他们的对手其实很虚弱，就会冲入堡中，一切都完了。这六个负伤而绝望的人把同伴的尸体拖到城墙上，用枪柄把他们撑起来。那些敌人被他们所欺骗，以为防御的军队人数仍然很多。他们只敢从远处开枪，而不敢向前突击。援兵开到，危城终得保全。

是什么使三色旗继续飘扬，保全了法国的光荣呢？不过是眼花缭乱的虚张声势而已。当然这是一种欺诈行为，但我们不能过于苛责这些可怜的士兵，谁也不曾认为他们的欺诈行为是不道德的。

但有人也许会说这是一个很罗曼蒂克而空想的例子，在实际生活中，眼花缭乱的虚张声势是正人君子所不屑的。

一个邻人的经验

可是虚张声势真的是一桩坏事吗？让我告诉你一个有关我的邻人的事。有一夜他在街上走路，经过一条黑暗的巷堂，突然有一个身材高大的汉子从一棵树背后钻了出来。这个怪客的下半张脸孔用手帕遮着，帽子拉下盖住他的上半张脸孔，一管手枪握在手里。"举起手来！"他粗声地喝道。

我的邻人是个不大机灵的人，不曾想到自己能遇见拦路的强盗，他的性格有点儿满不在乎，站是站定了，但两只手仍旧插在腰袋里。

"举起来！"

我的邻人回答："你要什么？"

"钱。赶快拿出来。"

"不拿出来便怎样？"

"我就开枪。"

我的邻人不再说话。那个蒙面人威吓地摇弄着他的枪。沉默了好久，我的邻人说话了："你这鼠贼！你没有胆量开枪。"

蒙面人吓了一跳："什么？"

"你没有听见？我说你不敢开枪。"

强盗有点儿输了，好像被刺了一针而泄气了的皮球似的。举枪的那只手垂下去了。

"快走，否则我要把你交到警察手里了。"

强盗放开脚步走了。我的邻人跟在他后面。强盗拔脚飞奔，我的邻人也追上去，可他是个跛脚赶不上，因此他拾起石头丢上去，直到那强盗转了弯。

商业上的"吹"

无论哪一种商业行为，总少不了"吹"。我认识一位个性鲜明才干出众的人，他创立了一项新的事业，自己觉得很能胜任，而且深信可以借此发一笔财。他在纽约第五街设立办公室，因为他相信庄严稳固气派的形象是招揽客户的必要条件。

一直过了六个月方才遇到一桩似乎有希望的生意。一群罗彻斯特的商人请他去商量一件事，他替他们出了一个主意，他的谈话和气派很使他们佩服。谈到报酬时，他要一万五千元，把他们吓到了。

后来他告诉我："之后的五分钟是我一生中最关键的时刻，我为了设立办事处和维持场面，已经花了两万块钱，快要山穷水尽了。如果那个合同签不下来，我只能宣告失败。我万分情急，却不能让这些人知道。"

"他们对我说：'我们曾经考虑过招聘几个承担这份工作的人，你的要价比谁都高。价钱是我们考虑的最重要因素。''那么，各位，'我回答说，'恐怕我们谈不下去了。现在这种时候，愿意拿低廉报酬试干这种工作的人很多。也许有人觉得他们的工作成绩不配领受巨额的酬报，有人因为环境困苦不得不自贬身价。我不是那种人，没有一万五千元我不干。'我把皮包随手合好。"

"我是在虚张声势,可是我已经在开始的时候要了高价,决不能退缩。如果他们看出来我需要钱,我的信用便要扫地,合同也签不成了。我的大言不惭挽救了局势。这种人所要的是结果,而我所表现出来的那种坚决的态度以及满不在乎的样子,使他们答应了我的条件。我的第一张合同就这样签下了。"

许多青年律师都曾在事务所里无所事事地一天天等候着客户的到来。好容易有人上门了,却让来人在外边等着,希望这样可以使人相信他正在和别人商议要事,或者在写一张重要的文书。隔了好久才请来人进去,律师则摆着一副勤劳忙碌的样子,全然虚张声势。

新闻记者的"吹"

"吹"有时也是一种策略。在这种场合,敏捷和机警是必需的。有一个新闻记者知道了一桩在公寓中自杀的案件,他赶到那地方,想从死者的文件中调查出自杀的动机来。

房东太太打开门说:"你是新闻记者吗?警察关照过不许报社的人进来。"

"太太,你是要侮辱我吗?"这位记者说,"我是奉命来验尸的，不晓得什么新闻记者。你如果知道法律，就该晓得发生了什么自杀案件，总要把尸体验过。赶快同我进去。"

没有别的问话他就走了进去，察看了一下房间，向房东问了几个问题，出来的时候一切都已了然于心。他走后不到五分钟，又有一个记者来了。

"我是照规矩来验尸的。"他对房东太太说。

"我不知道你是谁，可是验尸的已经来过了。"房东太太回答。

"什么？"

"哦，他说他是来验尸的。"

"他是一个高高瘦瘦，年纪不大，戴着棕色软帽的人吗？"

"是的。"

"太太，你上当了。那是一个新闻记者，他冒充我不止一次了，我一回去就报告警察。现在让我把手续办完再说。我先要问你几个问题。"他也得到了材料，临走的时候关照她不要让新闻记者们进来。

第三个来的是验尸员本人。无论他怎样声明，拿出证件都没用。他不得不叫了一个警察来，方能够进去。

这一类诡计有失尊严，不足为训。但有时你确有这样做的理由：也许你正陷于困难的情形之中，似乎"吹"是唯一的脱身之策；也许你在外遇到倒霉的事，回来不得不装出笑容来招呼你亲爱的人；也许你要防御别人对你的攻击，或是避免某项重要工作失败的风险……因此你不妨了解几条关于"吹"的基本原则：何时何地在何种状态中是可以这么做的，在何种情况下是不可以这么做的。

扑克游戏中的"吹"

在扑克游戏中，"吹"是常常用到的一种手段，拿到点数小的人，使对方以为他的点数很大。据心理学家测验的结果，发现下列几条原则：

1. 常常"吹"没有什么好处。

2. 如果你有百分之六的时间用在"吹"上，你的对手就无法断定你是不是在吹。

3. 如果你有百分之六以上的时间用在"吹"上，则很容易被人家看穿。

4. 当事人都不大能正确判断别人是不是在向他们"吹"。

5. "吹"得最厉害的人，他的点数大概很小。

6. 赢得最多的人，别人最要向他"吹"。

7. 最不善于"吹"的人，最容易猜疑他的对手在"吹"。

8. 最急于求胜的人最要吹，但他不肯轻易冒险。

9. 想要"吹"和能不能"吹"没多大关系。

10. 最冒险的人,他的牌一定最差,输的钱一定最多。

11. 最冒险的人得胜的机会较少于比较审慎的人。

这些原则的发现,价值在于它们在其他人类互相智斗的活动上也可适用。任何事情上"吹"得太厉害了,结果总会失败。

当心露马脚

盲人骑瞎马是危险的。"吹"不是胡说八道,在有"吹"的必要时,必须尽可能地避免露出马脚来,使你的话能够取信于人。

我们可举一个瞎吹而失败的例子。拉丁文课上,教师问一个学生:"理发匠(Barber)在拉丁文里叫什么?"

"Barbor。"学生吞吞吐吐地回答。

"很好,我以为你答不出来呢。怎样拼?"

"B-a-r-b-o-r。"这回他胆大起来了。

"怎样变化呢?"

"Barbor,barboris,barborum。"

"好,坐下。"于是教师又问另一个学生,"你认为理发匠叫作什么?"

第十二章 "吹"的艺术

"Tondor."

"不错。"老师对第一个学生说,"你毕业之后可以写小说,你杜撰的本领很好。"

同一天这些学生上英文课,英文教师是全校最招人厌恶的一个人。他说:"你们算是已经读完盖斯凯尔夫人的《克兰福》了。大家给我写一篇三百字的文章,题目就叫马蒂姑娘开店。"

班里有个学生是这教师的死对头。那本书他只读过开头的十页,但是又必须写那篇文章,因为他觉得那教师会重点"关注"他。他默坐了十分钟,然后奋笔疾书。教员给他批了个"乙上",这对他可是个很高的分数。

他用推论的方法完成了一篇不着边际的杰作。他问自己:马蒂姑娘是因为经济困难而开起店来维持生活,还是因为得到了一笔资本而开店呢?他不知道,因此他这样写道:"因为环境的变化,马蒂姑娘决意开一家店。"这件事情也许是出乎她邻人的意料,否则作者不会在她的小说里大书特书。因此他写下去:"当然啰,她的邻居们看见她居然采取这种办法是大为惊异的。"

他就这样凭空写下去,用逐步精密的思考完成了一篇无懈可击的文章。

"吹"的六条规则

我并不想为学生的吹牛而辩护,但我要指出的是,如果要"吹"得成功,除了大胆以外,还必须仔细地、精密地、彻底地"吹"。注意下面的六条规则:

1. 不必要的时候,不要乱"吹"。
2. 不要常常"吹"。
3. 让对方先表明态度。
4. 对于自己的地位表示绝对自信。
5. 不要"吹"得过度。
6. 不要自己打自己的嘴巴。

这些规则的理由是很明显的,如果不必要地乱"吹",势将"吹"出破绽来。"吹"是一种冒险。"吹"之后即使你再说真话,要使人家相信也倍加困难了。如果你常常"吹",人家便会感觉到在你大言不惭的后面,实在并没有多少真价值。有了一个常常"吹"的名声,再要得到别人信服就非常难了。

第十二章 "吹"的艺术

讲价钱的技术

先让对方出价,这是讲价时所用的技巧。如果你先出了某价,最后当然不能以高于此价成交。爱迪生早年在电报公司当电气技师的时候,获得了几种改良电报机械的专利权。后来他自己叙述了把专利权卖给公司的情形:

总理说:"你的那种机械要卖多少钱?"

"我不知道它们对你的价值,"我回答,"你先说个数目吧。"

"四万元怎样?"

那时爱迪生吃惊得可以被一根羽毛打倒,因为他当时的心理价位是五千元,甚至更低。

据说爱迪生从此以后,总是要别人先说价钱,结果好几次对方提出了非必要的高价来。这是一种很有效的虚声夺人的方法。

厚着脸皮"吹"

在你"吹"的当儿,决不可有徘徊迟疑的样子,尽量地

"吹"到适可而止。如果别人表示怀疑，就要格外表示出你的力量和自信来使其信服，做一个吹牛者是需要勇气的，不是胆小怯懦的人所能做到的。

不要容许别人说你在"吹"。如果你的意志比他更强，他会先退败下去。真到不得已的时候，应当把你的虚声恫吓变成实际的行动，决不可示弱。

第十三章

暗示的效力

人类受感情的支配而非受理智的支配，这是必须了解的事实。许多人以为他们采取某种行动，是认为照逻辑上理应如此，然而其实逻辑和他的决断几乎是没关系的。感情、经验和个人的特性，都是决定行动的要素。

你也许以为法庭里是纯粹遵循理智的，然而同一个案件在两个法庭里也许会得到不同的甚至全然相反的判决。这种情形时常发生。如果逻辑是一种和数学同样精密的科学，那么至少两个判决中的一个是不靠逻辑来决定的。

如果你要和他人相处，不论在一般还是特殊状态中，决不能单单依靠理论。古人言："不得已而屈服的人，心里仍然是不服的。"这句话描写出人类的一种显著特性。人们喜欢觉得自己比别人好，如果有人能使他们自觉超出众人，就会对他产生好感。反之，他们不喜欢觉得自己不如别人，如果有人使他们自觉低劣，就会对他产生憎恶之情。

招人憎恶的态度

如果你要用纯粹的理性使别人相信他是错的你是对的,也许你可以得到胜利,但如果别人心里仍旧不以为然,那你的胜利也是徒劳的。你的理论越是正确,他的弱点越是被揭露出来,你越是激起了他的不快之感。

对方不一定会采取不合逻辑的行动。他所做的事即使纯粹由于冲动,也许已是他所能采取的最合理的行动了,但动机绝不是根据逻辑的判断。在某种地方、某种场所的确是需要晓之以理的,但目的如在增进彼此的关系,那么理论的实际作用大半只是辅助的。把你自己的行动放在理智的基础上,如果你要使人相信你所要他做的某事是合理的,也决不要忘记了晓之以理。但同时不要以为单凭着理论就可以使人信服。一副"你错我不错"的态度是招人憎恶的一个最好的法子。

利用暗示的方法

人们喜欢自己发现各种事实,喜欢自己做出判断,在做出

第十三章 暗示的效力

决断之前,不喜欢被别人阻挠,恼恨人家告诉他们结果如何。因此,你倘要使人家出力做一件事,不要对他们说明非做不可的理由,而是要给他们一个暗示。

所谓做一个暗示,只要使人的注意转向某个方向,他的感情和想象就会替你完成余下的任务。在做暗示的时候,当然必须确定所要引起的是哪种情绪。我可以举一件事证明。

一家公共事业公司特别安排了一间很大的陈列室来专卖家用器具,副经理是伙计出身。

有一天,他走进这间陈列室,看见一个女人在和一个伙计谈话,从两人的样子上来看,他断定伙计在向那女人推销一台电冰箱,可是她不想买。副经理跑过去,说:"这东西很不错,是不是?"

"我看不见得。"这女人回答。

"这款冰箱是由全国最著名的几位设计师设计的呢。瞧那配置的匀称,不大不小,不高不低,那脚的样子,门的线条,一切都是那么协调。"

"但是他们为什么要把那圆圆的可笑的东西放在顶上呢?那样多么难看。"

"我很高兴你问起我这一点,那是这款冰箱最大的特色,可以说是我们最得意的杰作。"

"我不懂。"

"冰箱的式样有许多,大多数比这款价钱便宜一些,但我们相信货色全都比我们的差。其他的冰箱外形都大同小异,只有我们这款顶上有圆形的装置，里面装着马达。"

"假如我们把那马达从顶上拿下，和人家一样藏在冰箱里。一位太太把它买去了，放在厨房里，假如厨房的门一半开着，邻居的嫂子偶然走过看见了，她也许会说：'你新买了一台冰箱吗？很不错。'仅此而已。

"可是假如她买的是这一款，人家只要瞥一下，就会喊起来：'啊！你买了一台奇异牌冰箱！好极了，好极了！'她的声音里充满了羡慕，她知道那不是一台平常的冰箱。一看见那圆形的装置就知道那是展示与众不同的记号。"

"我想他们能够想到这一点，使得别人一看见它就知道购买者是一位有眼光的主妇，会称赞她们聪明。"

副经理转身离开了，这女人的兴致重新被激发了，之后把那冰箱买了回去。

得意的感觉

注意这个副经理的手段。他等于在说："太太，你喜欢感觉到得意。你不但有点儿想比你的邻居拥有更好的东西，你更希望你的邻居知道你有一件好东西。你可以让你的邻居明白你已经买

第十三章 暗示的效力

了一台很贵的冰箱，可见你一定很有钱。你只要买一台顶上有那个圆圆的东西的冰箱，就可以得到你期望的结果。"

这种话当然不能明说出来，但是他可以暗示。言语间他暗指在他对面的女人也许有过他所描述的经验，而在这顾客的想象中，则把他的暗示应用到自己身上。我可以断定那冰箱送到她家里去的时候，她一定要让厨房的门半开着。

暗示力在许多职业上是很重要的法宝。以魔术师为例，他要使一枚钱币消失不见，先用左手把它拿得高高的，然后再伸过右手把它接过来，然后再用左手拿着它，再把右手伸过去。这时把右手放开，里面什么也没有。左手放开，也是空的。

不用说，他是把那钱币夹在左手的手指中间，从前面却看不出什么来。观众的眼光都随着他的右手而移动，实际上右手毫无作为。他第一次用右手把钱币拿过来，暗示着把戏将是右手所干。每一个魔术师都知道手快不如眼快，他的大部分本领靠着微妙的暗示，把观众的注意力从实际的重要动作上转移开。

自动的暗示

有一个身材不甚魁梧的业余拳击手自述和一个又高又壮的铁

匠比赛的经过。他说："我们等候着发令开打。对方简直是一座人山，却很和气地俯身向我笑着说：'这很像此前的苏里文与科佩脱之战，是不是？'"

那时我忽然想起那回是瘦瘦的科佩脱打败结实的苏里文，于是我脑中起了这个疑问：他会不会也这样想？

"我看着他的脸孔，可以看得出来他也有了这个念头。他眨着眼睛仿佛深思的样子，唇边的笑容消失了。

"我们没有说别的话，但从那时候起我知道他必败无疑，而且他自己也知道。他的话是一句暗示，引起了他的想象。那暗示是决定胜负的主要因素。"

富于反抗精神的人

有许多人天生富于反抗精神，他们有一种不肯人云亦云的倾向。越是和他们争辩，他们越是不服你。如果命令他们做什么事，他们偏偏逆着你的意思去做，并非因为服从命令是一件难事，而是因为他们不愿被人指挥。

这种倔强的个性和一个人的能力并无关系，可以从以下轶事中表现出来。那是世界大战之后和议开始的时候，巴尔福爵士和克里蒙梭总理一同从会场里出来，前者戴着一顶丝织的高顶礼帽，后者戴着一顶旧的垂边帽。

"人家对我说一定要戴这种帽子。"巴尔福指着他的帽子这样解释。

"人家对我也这样说。"克里蒙梭回答。

对付逆反的办法

对付上述这一类人的策略很简单。只要指示一条和你的本意相反的途径，他们就会反其道而行之。这种方法可以称为反面的暗示，有时对付年轻人用这办法特别有效。举个例子：一位父亲对他的女儿说："孩子，你母亲跟我谈过你和小林的事。"

女儿说："爸爸，我年纪已经不小了，可以自己做主了。我知道妈妈不喜欢他，可是我喜欢他。"

"嗯，我想她现在知道了我的意见，看法也许有点儿改变。"

"你的意见是什么？"

"我说多跟他见见面，常常来往。"

"怎么，爸爸，你不也是不喜欢他的吗？"

"那没有关系。我知道他做一份工作就被人家辞退一次，但那有什么关系？结了婚之后，也许不是这样。我知道他跟别的年轻人不大合得来，但那是别人的错，不是他的错。他今晚到我们家里来吗？"

"今晚不来。"

"你为什么不打电话叫他来？常常来往来往。我看你也许交际面太广了些。"

那次谈话到此为止。那天晚上，这位父亲和妻子讨论了他的策略。

"你这样做不危险吗？"妻子问。

"危险当然是危险，"他回答，"可若横加阻碍，恐怕更危险。女儿倔强成性，我们越是反对她，她越是非嫁给这家伙不可，也许会私奔也说不定。跟她理论是没用的。"

"可是你这对策会产生良好的效果吗？"

"我想会的。女儿的眼光见识其实很高明。如果我们放任她自作主张，让她明白她可以随心所欲，她就会产生责任心，自己主动思考。她会把小林和别的男孩子做比较，结果小林当然会落选。我敢担保她这次的迷恋不会超过一个月。"

他的话一点儿没错。父母的反对给了女儿一种魔力，那反对一撤除，就再没有可以刺激她逆反的东西了，她有机会运用自己的判断力了。

第十三章　暗示的效力

幻想中的困难

　　一个人对于某事越是深信不疑，和他辩论越是没用，而用到暗示的机会也越多。医生们常利用暗示处理疾病，特别是当病症实际上是病人自己疑心出来的时候。

　　这种情形可举一个少妇的事作为极端的例子。她的肚子痛得厉害，据说是几个月之前她曾经到海滨游泳，咽进了些水。她相信自己吞下了一个章鱼的卵，现在已孵了出来，在她的肚子里长大了。她的家庭医生嘲笑这种妄想的无稽，可是她的病越变越厉害。请另外一位医生来，也同样嘲笑她，可是她的病状有增无减，最后不得不请一位专家来诊治。

　　这位专家来了，略略一察看，就知道了这少妇的症结所在，那就是她的恐惧心理。他并不和她争辩，而是说她的猜想是对的，她必须经历一次手术。他真的把她送到医院里，给她上了麻药，在她的肚皮上割了一条浅缝，假装已经开过刀了，后来再给她看一条浸在火酒里的小章鱼，说是从她肚子里拿出来的。从那天起，这少妇很快就"康复"了。

　　那位专家的经验大概你很难遇到，但这可以给你一个有价值的暗示。不要嘲笑别人的恐惧，不要想着用争辩的方法解除他们的迷惑，因为你将发现你在跟一堵墙讲话。别人有什么得意的意见不妨敷衍敷衍他，再用巧妙的暗示使他自动地同意你的观点。

第十四章

言之有理

如果要说动一个人，就要从打动他的感情入手。但有时如果必须用议论的方式来使别人受你的影响，那么单单凭着感情是不够的，有时必须用纯正的、冷静的逻辑来确定你的立场。

需要理论的场合

在下列四种不同的场合，理论比感情更为重要：
1. 对方对你及你的主张已经感兴趣。
2. 你所讨论的是一个新奇的话题。
3. 问题相当重要。
4. 理论本身就含有极大的感染力。

两人讨论一个问题而达到思想上的融合后，此时所要决定的就是什么是满足共同愿望的方法。这时候已不需要诱动对方的骄傲、贪心或其他特质，重点在于搜集事实。

我们假如说一个保险公司的掮客已经用了他所擅长的技巧使一位客户明白他应该保一万元的寿险，此时感情方面的煽动已经有效地利用过，那么现在就该讨论一下各种保险的长处。只有把正面的、反面的各种理由都列举出来，不掺杂情感，才可以促成一个决定。

一个厂家的推销员向一个百货公司的进货员招揽生意，这时候也会发生同类的情形。进货员知道自己要买的是什么，预备出的价钱是多少。在他动用公司的钱之前，他必须准备好充分的理由向上司解释，万一所进的货销路不佳赚不到钱的话。

一般来说，当对方希望得到关于某事物的知识的时候，理论是需要的，只要回答他的问题，使他的好奇心得到满足即可。

新奇的话题

你所提出的话题，如果是十分新奇的，对方对此一无所知而且完全莫名其妙，那就需要做一番解释。在这解释里包括你要他采取行动的理由。

譬如说，你要向人介绍一种新商品，你希望它可以代替现有的某种东西。假定你发明了一种用杂质橡皮制成的轮胎，你希望使人家相信它比现行的纯橡皮轮胎经久耐用，就必须说出理由来。

制造商有时用理论说明某种旧产品的新用途。例如有一个牙膏的制造者宣称摩擦齿龈可使牙齿洁白健康，并且把理由解释出来。你如果接受他的理由，自然就得去买他的牙膏，因为他说那牙膏是特别制成，兼供刷牙和摩擦齿龈之用的。

美国宣布禁酒的时候，最受影响的要算制麴业。全国最大的麴商必须为他的产品另寻出路，因此他发现了麴的一个新用途——刺激胃肠分泌及其他内脏功能。

这是一个新的观念，所以必须加以说明。他的宣传手段非常高明，还有欧洲医生的证明，结果他的生意比禁酒以前更好，不得不扩建工厂。

重要的事

所要考虑的事如果相当重要，那么理论也是需要的。如果是一件小事，尽可用巧妙的暗示使他人赞同你的计划，可是倘要花一大笔钱，或做一件影响很大的事，那就必须有充分的理由。

关于这一点有许多理由。

第一，在关系重大的事情上，如果引诱他人决定一件他的理性所不容许的事,似乎有些不道德。

第二,事情做了之后,必然会产生反响。

一个人也许会因为一时的感情作用而被引诱做出某种决定,或花费大笔金钱,或接受一个责任重大的职务。但事后他会重新考虑。如果不能让他明白你的态度与他的行动是基于正当而合理的理由,他多半会抱怨你。"你为什么不向我解释呢?"他会这样怪你。若有那种情形发生,就可以充分证明你和他相处得不是很好。

一般来说,在这种情况下,如果你的任务是说服对方,让他做一项重要的改革或花去大笔钱,那么理论是必要的。

严密的理论

有时理论本身比事情中所含有的感情更能打动人。这种场合所需要的是严密的理论,当然你也不能不考虑对手的利益。

假定你要使某人赞同每年十三个月的历法,一般办法就是用理论向他说明这种历法的好处,似乎用不到什么感情因素。对方考虑的结果,也要凭实际的价值而定。可是也许对方有一大批已经印好的日历要销售,在他不曾出清存货以前,不希望这种新的历法会实行，那就另当别论了。

或者假定一群工程师在辩论应当选择哪两点作为桥基。他们所关心的只是事实。哪个位置比较适当呢？有人主张这里，有人主张那里，这时只有用理论才能使人支持你。

或者让我们再做一个假定。假定你想要使某人采用一种新式办公设备，这种设备他略知一二，但不认为有多大用处。你只能用理论使他恍然大悟，对他的解释可以省去多少时间和人力，可以做多少工作以及其他方面的优点。

不需要理论的场合

在许多地方的确用得到理论，但即使在这种地方，有时理论也许是多余的。这类情形共有三种：

1. 事情已没有转变的余地。

2. 对方怀有成见。

3. 对方是个专爱反对他人的人。

若有那些年轻、聪明、奋斗到底的一流人物要站起来抗议说世间没有不可能之事，务请免开尊口。请问对于下述的情形该如何处理？

男孩对女孩说:"你爱我的,是不是?"

"是的。"女孩回答。

"你知道我爱你的,是不是?"

"是的。"

"好,我有好消息告诉你。我得到了一笔百万元的遗产。"

"好极了!"

"我们明天结婚,好吗?"

"我不能。昨天我已经跟小徐结过婚了。"

你看怎么办?事情已无希望。那男孩也许提出了无可否认的经济上、社会上、心理上、生理上的种种理由证明为什么女孩非嫁给他不可,但有什么用处呢?此时已然不是理论的时候了。

我们通常总不大甘心承认失败,但能够正视事实也是一种智慧。法庭已经宣告无罪,律师再提出一个证人来已经太迟了;合同已经签订,你再把价钱压下些也已无用;战争已经失败,增援也来不及了。

有成见的人

和一个不可理喻的人理论,同样也是没有希望的。假如一个人怀有成见，自以为他的判断绝对正确，你就没有插嘴的余地。

这种对于你的提议的成见也许是全然诚意的，它所根据的理由也许是你不曾知道的。假如你到某处去销售安全剃刀，那地方的居民都留着一脸长长的胡须，你也许会说一次盛大的收获在等待着我的剃刀，你也许要去谒见当地的一位名流，想要向他证明你的剃刀是世上最好的剃刀。他有礼地听完你的话后说："仁兄，我是蓄须会的会员。"

此时，你只能收起你的理论，包好你的产品，赶快到别的地方去。

吹毛求疵者

另外一种略有些不同的人就是吹毛求疵者。这种人自以为是敏锐的批评家，会从你的理论中找出他认为错误的地方，即使你向他辩明并非错误，他仍旧会认为那是错误的。

有时这种人也会似乎恭敬地听你讲话，可是轮到他说话的时候，他便在不重要的方面斤斤计较，说这是你的致命缺点。不满意雇主指挥的雇员属于这一类，因不重要的某方面而坚决拒绝的客户也属于这一类。

这类人天性喜欢和别人作对。你可以设法让他们做你想要他们做的事，但绝不是理论可以奏效的。

四个注意点

在运用理论之前，先要考虑是否有运用理论的必要，对方是不是个可以与之理论的人。如果你自觉言之有理，然后再收集事实论据。

如果希望你的理论得胜，必须注意下列四点：

1. 清楚。
2. 简单。
3. 尖锐。
4. 动听。

这四个必要条件之中，最重要的是清楚。第一，要是对方听不懂你的话是什么意思，就根本谈不上使他信服。第二，我们可以引美国文学中思想最清楚的作家爱伦坡的话来佐证：

"一个头脑清晰的人在谈话或作文时占很大的便宜，尤其是在有关逻辑的事情上。当他的议论进行时，对方往往只是因为句句都能懂得而赞成他。事实上，极少人能很快地辨别出一句话能否理解与它是否合理两者之间有什么不同。

"我们常常因为我们能够了解而喜悦，以至于激动得认为无可非议。高明的作家常借此大加诡辩，而不致被读者所窥破。麦考莱是富于这种魅力的一个显著例子。我们太容易轻信他说的话，因为他的话是这样明白清楚、易于了解。"

只要你的头脑清楚，那么把你的理论清楚地说出来是很容易的事。用简单常用的字句，把你说的话安排得条理分明，一种思想可以直接地、很自然而顺利地引起另一种思想。

不要说得太多

话说得简单是很重要的。要节省自己和你的听众的时间。在你的陈述中，必须包含每一个要点，但不能占去太多的时间。

要点说明之后，就让它告一段落。说得太多有很大的风险。

第一，你的听者也许会厌倦。

第二，也许你会误说了一句可以减弱你自己力量的话，本来对方已经有些被你说动了，可能会因此而变卦。我知道有一个少年曾经说动一家商店的老板给他一个薪资优厚的位置，可是因为话说得太多，几乎到手的饭碗又丢掉了。

抓住要点

在理论之中,必须牢牢抓住要点。每一个句子,甚至于每一个字,必须都是组成全部理论的要素。引证事实,只限于确能增加兴趣或证实要点的时候。

抓住要点有许多好处。

第一,它可以使听者的注意力集中。

第二,它可以避免不相干的论点进入脑中,从而适得其反。

第三,它可以使你的听者对你产生良好的印象。

理论必须动听是不用说的。如果不能达到使人信服的终极目标,那么就是失败。不论你自以为你把各点罗列得多么合乎逻辑,若对方不能信服你,你的理论中一定尚存缺点,除非对方确是不可理喻的。

三种弊病

理论中的缺点也许在于事实的本身,也许在于你的陈述方式。倘使你不能使人信服的话,原因也许是下列三种:

1. 谬妄的理论。

2. 过于夸张。

3. 语意模棱两可。

这一类的弊病，即使在没有它们也可以成立的理论中，也容易在听者的脑中引起怀疑，他会觉得你这人缺少真诚，而对于确信无疑的其他各点也不禁怀疑起来。

若已在你的听者脑中引起这种现象，再要博得他的信任就很难了。

五条基本原则

我们已经讲到怎样提出理论的方法，现在不妨再略微观察一下理论是怎样组成的。

你是企图别人顺着你的看法，不去买别人的东西而买你的，投你的一党的票而不投敌党的票，使他多花一笔钱来给你一个位置，等等。不论理论的目的何在，总是包括五条基本的原则。它们是：

1. 两个以上的论点，其中一个是你希望对方采纳的。

2. 了解他必须采取何种行动，如果他接受了你的论点。

3. 了解各论点的价值。

4. 比较各论点的优缺点。

5. 决定选择哪一个论点。

这是一个大概的轮廓，在这个轮廓上你可以适当地充实起你的理论内容，以使他人信服。我可以再悄悄地关照你一声：当然，你对于自己一方面的论点要格外关注一些，虽然为公平起见，应该不偏不倚地把两方面同时提出。对方当然想要在你的理论中找出错处来，他会在自己的脑中尽可能地补充被你轻描淡写过的另一方面的事实。如果他在你的理论之中看到有些偏私之处，就要找理由来反对你。所以如果提出一个合乎逻辑的理论，必须公平、真诚而正确。

综上所述，有诗为证：

立言须尖锐，用语贵简洁；

条理宜分明，坚确而敏捷；

精华不在多，勿涉于琐屑；

集中方有力，细碎复何益；

一气贯始终，直捣黄龙穴；

目的既已达，不必再多说。

第十五章

拒绝人的技巧

我的一个朋友说："我国人民所需要的是一种抵御高压式推销的方法。这种销售员曾经受过严密的训练，学到一种定要使你答应向他购买不可的办法。我们这批群众一下子就会成为他们的牺牲品。假如这些油嘴的推销员不曾用便利的付款办法诱得我们上当，那么在这次经济大萧条中有许多人就不至于负债那么严重了。"

"你可以拒绝呀。"我插嘴说。

"拒绝不是一件容易的事，"他继续说下去，"那推销员全然不把你的拒绝放在心上。他已经训练过一种吸引你的注意力、激起你的兴趣、挑动你的欲望、压服你的反对、使你终于和他成交的狡狯的技术。许多不幸的人因为不知道怎样拒绝只好答应。"

也许我的朋友说得过于夸张，因为一个人寿保险的掮客那天上午和他谈了三刻钟。其实那种麻烦是可以避免的，拒绝并非难事，因为还有要事而停止讨论也是很正常的事情，只要略略坚决一些就行了。如果对方是一个陌生人，他来向你招揽生意，那就更好办了，你只要切切实实地对他说"不"。你对他毫无义务。

反之，他是要竭力巴结你的。

可是许多时候，说"不"似乎是世上最为难的事，但又不能不说。老板发出一个命令来，你知道照那命令做是对公司不利的；一个朋友请你帮忙，你知道如果答应了他，反而对他有害；一个你和他有经济往来的商人向你推销一种产品，你知道这产品买来没有好处——无数的这一类情形，你必须拒绝，可是如果拒绝了，就有失去交情，引人厌恶，被人误会，甚至遭人唾骂的危险。拒绝人家并仍能维持原来的关系，有时需要过人的智慧与本领。

拒绝人的五条规则

然而拒绝的技巧如能用得得当，反而可以促进你和被你拒绝者之间的关系。学习这种拒绝的方法时，下列各条规则对你很有帮助：

1. 不要把责任推在别人身上。
2. 须坚决果断，不可犹豫。
3. 解释你的理由。
4. 不要伤害别人的自尊心。
5. 让他明白你不能答应他而感到很遗憾。

不论对方向你提出而被你所拒绝的是件什么事，比之你当前的决断更为重要的是你性格的表现。你认为那项要求必须拒绝，然而你不想伤害别人的感情，因此你也许会说，"我必须去问问我的妻子"，或者"这事情我不能做主，要去问老板"。

这是解除窘境最容易的办法。它甚至可以避免伤害别人的感情。你采取这种方法，你的实际理由也许是因为你不愿对方认为你毫不给人面子，你希望免招埋怨。

但是，通常你这样说决不会骗过别人，他总会看出你在推托。你已向他显露了两种性格上的弱点，因此他对你的印象变坏了。这两种弱点一是怯懦，二是虚伪。

不但如此，你避免做决绝的回复使他有勇气再迫进一步。不论你最终答应或拒绝，他对于你总会意存轻视了。

爽爽快快地拒绝

旧时的外交界有一种规矩，即不可做直接的拒绝。下面这几句话可以典型代表一个外交家的态度："外交家说'是'的时候，他的意思是'也许'；说'也许'的时候，他的意思是'不'；说'不'的时候，他就不是个外交家。"

在外交崇尚欺骗蒙蔽的时代，这么做是很对的。可是如果认为外交的目的是在敦睦邦交，那么就该坦白不加掩饰。你的意思如果是说"不"，就该不含糊地老实说出来。

即使对方的理论完全无可辩驳，也不必发窘。你并不需要和他辩论。如果要拒绝他，而有勇气向他说"不"，那么尽管这样说好了。如果他一定要向你请问理由而你无辞可答时，你可以说："你的话也许很不错，可是我还有别的方面要加以考虑，恕我不能直言相告。"之后不必再说别的话。

面子关系

当然有时拒绝一项请求在面子上是很难说过去的，譬如那请求关于交情或商业上的往来关系。在这种场合，你必须说出充分而有力的理由表示不能答应的苦衷，而且要说得非常委婉。

举个例子。一个大公司的经理召集各部主任讨论一个新的商标。实际上他已选中了这商标，大家都唯其马首是瞻，决无异议。他对众人说："各位，我征询你们一些对于这个拟定商标的意见。这是我亲自设计的，我觉得很满意。让我向你们解释。"

"你们可以看见这是一幅旭日的图画，我觉得画得很不错。

这象征手法用得很恰当，实在是越想越妙。第一，它有爱国的含义。《独立宣言》签字的时候，主席座位的背后正是一幅旭日的雕刻。旭日象征着国家的诞生。

"这个仿绘的旭日，表示我们开始进入远东市场。我们将要大放光明，蒸蒸日上。当然日本也将是我们的一个客户。这个商标和日本的国徽很相似，日本人见了一定很乐于购买。"

大家都非常佩服，一声不响地望着这幅图画，想从脑海中搜索出一些恭维的话来。

"你认为怎样，格烈格斯？"经理问。

"好极了！"这位营业主任回答。

"你呢，福克纳？"

"很动人的设计。"广告主任评价道。

每个人都热烈地赞美着经理的意见。最后问到的是一个名叫汤普孙的青年，他是出口部的助手，因为主任有病请假，所以他代为出席。

"你也赞成吗？"经理问他。

"不，我不赞成，勃来特雷先生。"汤普孙站起来回答。

所有人都吃惊地望着这个乳臭小儿，他居然敢和经理作对。

"什么！你不喜欢它？"经理吃惊地问。

"那倒不是，"汤普孙回答说。从艺术的观点来看，他实在不喜欢它，但他知道和他的老板辩论一个审美方面的问题是没有什么好处的。"我是怕它太好了。"

经理笑道:"这话倒有些古怪,你且解释一下。"

"图样很是鲜明生动,那是没有疑问的。旭日的象征谁都会明白。我想无论哪个日本人见到我们这种商标,便能联想到他们的国旗。"

"不错,这正是我的意思。"经理说。

"可我们还有一个比日本更大的市场,那就是中国。中国人看见这种图样,也会和日本人一样想到日本的国旗。我们不想对日本国旗有什么不敬之处,但中国人对于它是不喜欢的,看见了这种牌子,一定不愿意购买,各位都知道我们现在很想扩充对华的贸易呢。"

"天哪,你的话很对!"经理喊着说,"我认为这是个很充足的理由。你认为怎样,格烈格斯?"

"你说得对,勃来特雷先生。"营业主任表示同意。

汤普孙之所以能够说服经理,在于他的立场是正确的,而且能够指出对方的缺点。但是你注意到他所使用的技巧了吗?

充分的理由

如果一定要向一个有权力的人表示反对,必须有充分的理由，而且要能说得使人信服。不要规避责任，否则你将后悔。假如汤普孙对于采用旭日做商标一事也是唯唯从命，那么当中国地区的营业报告交上来时，经理恐怕就要问责出口主任为什么当时不提出反对。

出口主任说他因缺席不曾得到发表意见的机会，责任就要落在汤普孙身上，他既然了解远东的市场，为什么不反对采用这商标？那时汤普孙将有什么话回应？

在事业上如果要你做一个决断，就要承担起决断的责任。

这决断也许和你上司的意思相反，甚至于也许是对他的命令的公然违抗。但那不要紧。

如果照你看来，为了忠于你所服务的机关，你应该反对他的措施，那就得断然反对他。只要能用适当的方法说"不"，你就可以获得成功。

运用技巧

这样做必须运用技巧。你看汤普孙怎么说："我是怕它太好了。"一句恭维的话使被反对者不至于难堪。对方总是以为自己的见解、知识和眼光十分高明，对于自己的成绩总是十分得意，即使这个成绩只是构成了一个不切实际的意见。

不要损害他的自尊心,不要使他感觉屈服,让他继续自满,如果可能的话,要使他格外自满。

一面要说"不",一面仍要和他保持好感,那么就该让他明白你不能赞同他是很遗憾的,让他明白你的拒绝是出于不得已,让他明白如果他和你换位相处,也将如此。

第十六章

自卑意识

自卑的感觉对交际能力大有影响。人们常易用自己对自己的评判来判断他人。如果有一种自卑意识，必然会显露出来。不论你怎样巧妙地企图将它掩饰，不论你怎样猛烈地否认，别人还是会感觉得到，因而对你轻视。若要和他人建立良好的关系，就得克服这种自卑的感觉。

　　不要对我说你全无自卑意识，因为我不相信你和一般人有什么区别。我也许可以承认你并不感觉自己有自卑感，但我确信，它总是在影响你和他人的交往。

　　首先要了解它，分析出自卑究竟是怎样产生的，然后决定怎样消除它，使它不会再成为我们前路的阻碍。

　　假定说一个人有斜视眼的缺点，他以为别人见了都会觉得可笑，因此往往不敢在引人注目的场所露脸，不敢在集会中对群众演讲，不敢在众目昭彰之处惹人注意，甚至于不敢和异性交往。他的斜视眼给他一种自卑的感觉，或者也可说是自卑的意识。

四种起因

一个人记性很不好。他也许曾经被介绍和某人认识好多次了,可是仍然记不起对方的名字来,这使他常常发觉自己会回避一切需要记忆的事情。这种自卑意识妨碍了他和别人的交往。

有人也许有一种秘密的恶癖,或者一种犯罪的意识,或其他道德上缺陷的自觉,引起了自卑感。还有人也许不幸有一种特殊的腔调、习惯、口头禅或不能改掉的动作,他以为是别人所厌恶的,他特殊的自卑感便集中于某种癖性上。

由此可知,自卑感觉或自卑意识是源于下列各方面的缺点:

1. 生理的。
2. 智力的。
3. 道德的。
4. 社交的。

这缺点也许是真实的,也许是幻想的,但同样会影响到你的个性。问题的症结不在于缺点本身,而在于你感觉到有这么一种缺点。所以很明显,你应当着手的是去除这种自卑感,而代之以自信的优越感。只要肯做必要的努力,这是可以做得到的。

第十六章 自卑意识

克服自卑的第一步

　　克服这种自卑感的第一步,是要了解所谓自卑者,其实并没有可引为惭愧之处。你甚至可以安慰自己,因为自卑恰恰是证明自己智力的一个证据。原始人类是无所谓自卑意识的,只有在文明社会中才会发生。一个人的智力越低,越是不容易感觉到自己不如别人。

　　而且,自卑意识并不一定是成功的阻碍,拿破仑是有自卑意识的,爱迪生、恺撒以及一大串世界上最伟大的人物,都有自卑意识。这一类人之所以卓越,都是源自他们的自卑意识。

　　我请你不要因承认自己的特殊弱点而惭愧,因为我要你不必自我掩饰。压制是最坏的手段,它将继续蛀蚀你的内心,侵入你的性情,也许会腐害你的一生。

　　因为你所知道的决不会忘记,脑中一留下印象,便永远存留在那里,即使你表面上似乎已经忘记。你也许曾经在什么时候做过一件使自己感到愧疚的事,想起它是很不愉快的,因此你有意把它从你的意识中消除。然而它仍然在你记忆的一角之中,不时地给你打击。

心理学家的办法

像这种情形,很有必要请一位心理学家来分析一下。他探索你过去的历史,询问你各种事情,有些一直回溯到婴孩时期,搜寻出一些你长大后未曾想起的琐事,于是说:"喏,原因就在这里。"

也许那是在人家说你如果不乖就要叫捡破烂的把你抱走的时候;也许那是在你打破了街上的路灯,警察找上门来,你躲在门角落里的时候。那些小小的事故现在看起来微乎其微,实际上却是一切不幸的根源,若把它一一揭露出来,病根就可以立刻去除了。

你的自卑感也许不是源自童年时代,虽然源自那时候的较多。在整个发育期中,孩子在与父母以及其他人的关系上常有自卑的感觉。我们中间有许多人不论已经长得多大,仍然还保留着若干幼时的习性。这种童年的残存物,往往是一种犹豫不决及羞怯的感觉。

思考一下你和别人在一起时的心理状态。你是否神经过敏得有些张皇失措?你发表意见时是否有些吞吞吐吐?你是否有时闷闷不乐?你是否不大乐于结交新朋友?你是否容易脸红?你是否吹毛求疵?你是否多疑?你是否觉得别人不了解你的真正优点?

第十六章　自卑意识

探究原因

把你的感觉详加分析。是哪些情形使你自觉不如人？在你产生懊恼的感觉以前，你说过些什么？做过些什么？谁在那里？使你气馁退缩的那次谈话的性质如何？循着这条自卑意识的线索，一直推究到它的源头。

你将发现原因不外两种：

1. 本身的弱点。
2. 深刻的经验。

认定了原因之后，要纠正过来就很容易了。要是你发现那不过是由于幻想或无足轻重，尽可一笑忘之，它不会再来烦扰你。认清楚了它不过如此，它就无能为力了。

对付弱点的办法

但自卑感的原因如果是实际的弱点，那么就该采用另一种办法。你不能说："不，人家说我的耳朵像风车是假的。"拒绝承认一件实际如此的事情，是没有用处的。它只会使你更加难堪，因为在你的潜意识中你知道那弱点是存在的，阻碍你和别人相处。

可以采取两种办法：

1. 克服那个弱点。

2. 发展一种可与那弱点抵销的优点。

前者我们可举金尼烈为例。金尼烈是一个毫无特长的青年，还因事故失了一条胳膊。从那时起，他把自己逐渐锻炼成一名出色的运动员。他是全美足球选手，棒球的中坚健将，后来加入了半职业的组合，在高尔夫、网球、拳击、游泳、短距离赛跑等方面都大出风头。他又是弹球专家、射球好手和篮球队的前锋。

他有一个实实在在的身体上的缺点，他坦然承认并将其克服。其他领域也有类似的实例可举。例如作家J.R.洛威尔在哈佛大学读书的时候，曾经因为惰于学业而被当众斥责，后来甚至受到停学的处分。

此后他发愤起来，终于成为一名知识渊博的著名作家。许多罪人都弃邪归正，许多不善交际的人都克服了弱点使别人乐于接近他。

第十六章　自卑意识

抵销弱点的优点

但是也许你所感知到的弱点不能被有效克服,那么不妨承认这方面的缺陷,而在其他方面发展一种特长。

因为和你的同辈平等或高出他们是很重要的事,但尤其要紧的是,你必须知道你和他们平等或高出他们。即使承认他们在某方面比你好,你也该知道在别的方面你显然远胜他们,使他们明白你这种优点,那么你的自卑感就会消失了。

金尼烈如果是另外一种类型的青年,也许会接受作为一个独臂者的命运,自认在身体上不如人而致力于研究学问,在学问上胜出以弥补体格上的缺憾。为避免自卑感,这也是一个很好的办法。

丹尼尔·韦伯斯托之所以进学校,是因为他家人看他身体不好,不能在田里工作。我认识一个人,他做了几年会计,工作单位换过好几家。这种工作他实在不能胜任,他自己也十分清楚。后来他去做推销员,出乎意料,做了三个月之后,就在同事之间脱颖而出了。因为有了这次新的成功,他根深蒂固的自卑意识就此消失了。

避免失败

也许你所从事的工作需要你欠缺的一种才能,也许那种工作无论你怎样努力总是做不好。你感觉到你不及别人那样敏捷能干。你有一种自卑意识。

给你这种自卑意识的是失败。你曾尝试一件你力所不及的事情,最终失败了。因为这次失败而自认为不能胜任,也许你会再试却再次失败,于是你愈加深信自己的低劣了。你竭力不要有这种念头,表面上似乎把它忘了,可是自卑意识的种子已经植下,它会渐渐发展壮大。

是应该继续从事原来的工作而力图改进,还是应该另找适合自己才能的工作?这要由你自己决定。别人对于你的长处短处,总不及你自己了解得清楚。

可是我要向你指出的事实是,若要努力克服自卑意识,一次尝试的失败将使自卑的根基更为牢固;而一次胜利,即使是小小的胜利,也是对束缚你的锁链的重大打击。何去何从,你该有所抉择。

第十六章　自卑意识

克服自卑意识的助力

在和自卑意识作战时，需要一切可以利用的助力。很幸运，这种助力并不缺乏：

1. 理性。

2. 宗教。

3. 更充分的知识。

4. 专门本领。

5. 别人对你的认识。

所谓理性的助力，是说你可以通过推论来向自己证明这种表面上的弱点在常识上并无存在的根据。如果你能用理论使自己明白困扰你的自卑感全然是无意识的，那么扫除它就不是难事了。

宗教对于你也可以成为极大的助力。关于这一点我并不专指某一宗教，而泛指任何目的在于改善人类的宗教。如果你有一种妨害你一生的弱点，使你不能达到极致的幸福，施展你最大的才华，宗教往往有改正那种弱点的力量。

知识的获得常可以消解懦怯与犹豫，这是一个公认的事实。尽量求取知识，设法专长于某一领域如汽车、蝴蝶、保险、建筑、灌木、服装、伊丽莎白时代的戏剧，等等，你就会发现它对摈除自卑意识大有用处。如果在某方面你是个权威者，别人就要来向你请教。知识即能力，这句话可以视作心理学上的真理。

专门与集中

专精一件事,做一个专家。精力的集中比之分散更能增加你克服自卑感而代之以优越感的机会。专心可以促进意志的统一。决定实际效果的,不单是推动的力量,还要看有无反动力量。

不论在你原来自认能力薄弱的领域里,还是转入到更有希望的新领域里,当你获得力量的时候,必然会获得若干小的胜利、若干小的证明,表示你的同辈已经开始认识你的才能。这些认识也可以把你从自卑的深渊中拔出来。等到最后你知道你的同辈在仰望着你,你就不会再瞧不起自己了。只要用适当的方法,总可以克服那种自卑感。记住在有些地方你是胜过一般人的。锻炼你的长处并表露出来,你的自卑意识就会消失。

第十七章

做领导的条件

做领导可以说是做人的最高本领。我们可以断定，凡是最能与别人和谐自然且有效相处的，是最适合做领导的人物。我们也可以断定有助于人我关系的各种条件，也就是一个领导应该具备的条件。

下谬误的结论是多么容易！事实是一个人即使具有若干反社交的特质——如果他是个平常人，将很难和别人相处，他也仍然可以成为一个杰出的领导。例如：

他也许心胸狭隘，不愿承认反对者的长处。

他也许脾气暴躁，全无控制能力。

他也许好放大话，把与自己无关的事说成自己的功劳。

他也许全不知道手下人的家庭状况，对于他们的幸福毫不关心。

他也许言语粗俗，举止不当。

他也许喜欢强辩，不肯认错。

也许他有许多这类缺点，然而他仍然可以做一个领导。领导的主要特性，足以掩盖这些次要的缺点。

为证明这观点，我们可以举出一些著名的领导人物来。克朗威尔？他气量狭小；恺撒？那家伙脾气多坏！墨索里尼？天下第一的大言不惭者；拿破仑？他才不顾手下人的死活呢！劳特·乔治？他多么爱和人家唠叨争论！

七种特质

然而这几位都跻身领导的高位。是什么使得他们能够统率众人呢？如果要想做一个领导，应该有哪几种特质？

1. 意志力。

2. 知识。

3. 热诚。

4. 自信心。

5. 毅力。

6. 责任感。

7. 勇气。

以上七种之中，最重要而最难解释的要算是意志力了。这种意志力既非理智，也非情感。它是一种性格上的力量，一种使他人信服的不屈不挠的力量，没有这种力量的人决不能成为领导。

群众

群众需要领导是一个事实。不错,人人都有要求自由的心理,但同时他们却是胆怯、狐疑而缺乏信心的,他们希望有人给他们指明方向。勒庞曾经说过:"一群生物聚在一处的时候,不论是动物还是人类,都本能地受一个头脑的统率。群众心理上主要的需求,不是自由而是服役。"

基本条件

或者他还可加上一句:"一个团体中的人数越多,对于其他个人的优点越不重视,而对于作为一个领导的基本条件越重视。领导后面的群众越多,他的意志力就越是重要。"

这种领导不可缺少的意志力的主要来源是决心,即对于他所施行的方针的一贯坚持,虽遇一切艰难胁迫而不屈不挠的伟大气魄。

意志力是性格上的坚强,人们都在到处寻求坚强的人。他们直觉地认出他是值得倚靠的人。他知道,他们也知道,因为他的内在的性格,他是适宜于领导大家的。

对于事实的知识

知识是每个领导所需要的,它分为两种:

1. 对于事实的知识。
2. 对于人的知识。

他应知晓的事实,当然是在他所领导的范围以内的。瞧一群在玩棍球的孩子,做队长的是谁?当然是最熟悉这种球戏的一个。他也有另外的各种性质,但他懂得这种球戏的门槛,是他们推举他为队长的一个主要理由。在商业活动中大家总是推举谁做经理?当然是最熟悉这种业务的人啦。

没有过人的知识,便不能登上领导的地位。没有人能保持他的领导地位,如果在他所领导的范围以内,其所知晓的不及手下人那么多。当然他的属下也许在某一特殊部分知道的比他多,但领导总该具有最完整的常识。也就是说,一个领导所知道的细节越多,他越是一个好领导。不论在战争上、财政上、商务上、政治上、俱乐部生活上、运动上,都是如此。

领导对于事实的知识,可以从他的远见上表现出来。在原始部落中，许多人因为具有使人敬畏的预言本领而占有领导地位。现今有许多人因为能熟察环境，得以保持手下人的拥戴。没有什么事情比对现实的蒙昧无知更容易毁掉一个人的信誉了。

领导必须运用其知识的另一方面，即财力和人力的适当组织。保持领导地位的意义在于事业能够成功，用最聪明的方法组织、委派及指挥，是成功的重要助力。

对于人的知识

可是比之对于事实的知识，更重要的是对于人的知识。领导如果能够知道每个人的底细：他喜欢些什么，不喜欢些什么，什么是他的主要情绪，他对于某种特殊环境的反应怎样等，当然也是很有用的。领导对于人该有普遍的知识，了解人性，知道在一个团体中人们怎样行动。

粗略来看，似乎团体既然由个人集合而成，只要能获得每个人的拥护，自然会达到领导的地位。但这可不一定。集合体的人与个别的人是大有分别的，他们更容易受人领导，他们较少拥有理性，他们的情绪较为原始更易激动。一个具有领导条件的人，也许不能个别地得到人心，但作为一团群众，他却可以操纵他们，这是很有可能的。

热诚的必要

领导必须有热诚。热诚不能假装出来，它必须是对于所从事的工作的真心喜爱。领导的信念越深切，他的部下对他也越忠心。不论他领导的是一种商业、一个球队、一种宗教还是一个民族。

热诚换句话说就是忠心，不是对于部下的忠心，而是孜孜以求希望事业的成功。领导可以欺骗部下而仍然保持着领导的地位，但一旦叛弃了事业，他的地位就崩溃了。

绝对的自信

没有自信心，就别期望做领导。如果你自己怀疑，别人对你就不再有所信任，他们知道你是不能领导他们的。你必须绝对相信你能完成所从事的工作，这种信心决不能动摇。环境越艰难，

第十七章　做领导的条件

你的信心必须越大，更有力地确信你可以完全控制自己、环境和你的部下。

让我们举出古今最卓越的一个领导——拿破仑的一件轶事来作为证明。他被派遣到巴黎指挥军队，将领们对这个身材矮小的新贵不大待见。其中有一个名叫奥哲罗，他是个魁梧、粗鲁、骄傲、放肆的家伙，抱着倔强抗命的态度。

拿破仑让那些将领等候了好久，这是使一群陌生人对你产生深刻印象的一种老办法。过了很长时间他来了，戴着帽子，解释他的计策，发布他的号令，然后叫他们退下。每一个在场的人都肃然起敬。

一到外面，奥哲罗恢复了他的自主力，承认他被折服了，和平常一样赌了一堆咒。他说他不懂为什么这个新统帅会全然压倒他。但我们可以懂得，那是因为拿破仑对于他自己和他的命运有绝对的把握，这样一种感觉常会传染到别人身上。

这种自信心是不能辩论的，你必须认为它是理所当然的。你不能试图证明它，只有承认它。不论你所做的事多么可笑，只要你有相当坚定的自信，总有人会跟从你。

真正的领导从说话中可以表现出他的自信心来，他不用冗长而详细的话说明他的政策的理由，他说的只是一些精警而独断的言辞。他不用解释，只是发出命令。

坚定的毅力

领导无毅力，便不能成为领导。有许多人服从能力远不如他们的领导，只是因为他们懒于作领导罢了。思想、计划、行动，都是需要毅力的，大多数人宁愿让别人去麻烦。

常常可以看见一个真的领导对于他的事业是多么勤奋，往往是超过其手下的。他做事更迅速勤劳，即使在休假的时候，也常常想到工作。也许一部分原因是他的热诚，但无论如何他总是一个有毅力的人。

这种毅力的一种主要表现是他的进取精神。领导是创立事业的人，他永远在开始新的计划，不只是提示别人采取这种那种步骤，而是实际上开辟出一条道路来。

群众希望脱身于他们所陷的泥淖。凡是愿意领导他们出去的，他们便蜂拥在他的左右，不论他是要领导他们进入一个新的宗教、一种新的营业方针或是一个新政党。领导所走的路是人迹罕至的，以服从传统为满足的绝不是领导。你将看到领导总是一个具有进取精神的人，随时热切地准备开出新路来领着群众走。

第十七章　做领导的条件

不回避责任

领导的又一特征是对于他所参与的任何事肯负完全的责任。责任是做一个领导的代价，如果不肯付这代价，他就得不到领导的名声。

回避责任是无用的表现。真正的领导不但准备担负他自己行动的责任，也准备担负部下行动的责任，即使他们所做的事和他的本意相反。他对于部下的态度也许是极严厉的训斥，甚至罢免，但对于外界却是领导自任其咎。

从这种负责的特性上，你可以看出领导的各种特质何以如此重要。人们大都喜欢回避责任。任何地位或行动，凡可以招致不幸的结果而受人指责者，他们总是躲避。大多数人实际上都是胆小而怠惰的，乐于把他们的恐惧忧虑放在肯毅然负责的领导的广阔肩膀上。当领导负起了这个责任之后，群众希望好处有份而不承担责任。

有勇气

最后一种领导所必须具备的条件便是勇气。懦夫决不能成为领导。假装的威势也许可以博得勇敢的名声，但不久纸老虎就会被戳穿。

真正的领导决不命令人家去做他自己不敢做的事，他手下的人也明白这一点。领导的勇气不只是血气之勇。在任何领域之内，商业上、社交上、宗教上以及其他地方，经历艰难困苦贯彻到底，一定需要精神上的勇气。这勇气也许在于对威权的反抗，也许在于长期进攻的坚持不懈，也许在于对引诱的拒绝，也许在于一种大胆的改革，或其他种种危急的场合。

做一个领导必须有勇气，还要把勇气向手下人显示出来。他们必须知道你是比他们更勇敢的。

综上所述，这七种特质：意志力、知识、热诚、自信心、毅力、责任感和勇气，都是领导的特征。我们可以看出，做领导是性格上的事而不是技术上的事。

人家常常说："领导是天生的，不是人为的。"这句话是真的吗？不一定。不少人立志把自己锻炼成为领导并获得了成功。有为者亦若是。

第十八章

怎样做领导

你真的要做领导吗？回答这个问题之前，先请你想一想。你是真的为要取得领导地位呢，还是为了贪图荣华富贵？你想在幕后舒舒服服地躺着发表愿望，而让别人去为你效劳吗？

　　那不是做领导，那是享福。

　　你想博人钦佩，为大家所仰望吗？那不是做领导，那是出风头。

　　不，你说，你的目的并非如此，你是要权力。很好，为什么你要权力呢？是不是因为权力本身可以给你快乐？是不是因为你想要使你关心的事业取得更大的成功？是不是做了领导在个人方面有好处？

　　我要你确定你实实在在要做一个领导，因为那是十分费时费力的攀登，在到达顶点之前，你将遇到无数的阻碍。

　　让我们换一种说法。中国有一则典故，说有一个年轻的读书人，读书读到厌烦了，他认为书那么多，无论如何都读不完，他一定无法做一个成功的哲学家。于是他把书丢出窗外，出门散步，想要改行了。在路上，他遇见一个老妇人正在石头上磨一根铁棒。

　　"你为什么做这种事？"他问。

"我要一只针,"她回答,"除了用这根棒来磨成之外没有办法可以得到。如果我不停地磨下去,终有一天会磨成功的。"

读书人听了之后,对自己的浮躁深感惭愧,便重新埋首于书本,孜孜不倦地用起功来,终于成了一代文豪。

如果你不是一个天生的领导人才而想要做领导的话,方法也是这样——长久地刻苦努力。

你仍旧要做领导吗?好!让我指点你怎样把握那"铁棒"的方法。

志愿为先决条件

第一件事就是你确实有做领导的志愿。因为你的志愿是那么坚决,你甘心抛弃安乐舒适的生活,矫正你的习惯,甚至改造你的性格。果能如此,那么你已立下做领导的根基了。

这种做领导的志愿,不可含糊暧昧,必须确定你的方向。你准备在哪方面做领导呢?政治上吗?运动界吗?商业上吗?社会事业上吗?你要领导哪一班人?把你的领导地位先描述出一个恰当的轮廓来。

把理想形象化

再进一步,要把自己设想为你志愿成为的那种人物。换句话说,把你的理想形象化起来。

在这时候,你也许会禁不住做起白日梦来。不要紧,只要不经常做就是了。我们有许多工作要做,要着手起来。

这种理想的形象化绝不能是把自己想象为骑着白马,扯着帅旗,后面跟着大队人马的那种无聊的空想。必须想象你自己具有哪几种领导的必要条件:意志力、知识、热诚、自信力、毅力、责任感与勇气。

这就是你的理想。常常记住它,放在你的眼前。

自省的表格

现在你的问题在于怎样获得这些理想中的条件。为了方法简单可行,你可以用卡片做一张这样的表格,把你每天的进展记录下来:

领导资格进展表

	上午	下午	×
意志力			
知 识			
热 诚			
自信心			
毅 力			
责任感			
勇 气			
总 计			

每天清晨离家之前，先计划一下：今天应该找到一个机会表现你的意志力，获得一些有用的知识，显示你的热诚，做一些事情证明你有自信心，负起一些责任，给别人一些你勇敢的证据。

你也许会说，这很费时间，而你没有工夫。

但这种时间是一定要花的。如果没有别的方法，你可以早半小时起床。这是一件很要紧的事。

决定关于每一种品质该做些什么事之后，便在表上"上午"一格里的每种品质下画一个"√"，然后就出去开始一天的活动。一到应该运用你的意志力，探知一件新事物，表示你的热诚等的时候，就照你所计划的实行。

除了预先想到而准备过的这些事情之外，也许还有其他偶然的事可以测试你的领导资格。把你当时的行为记好：不论你做得像一个领导还是像一个部下的样子。

一天事情完毕，就把卡片拿出来，记录你的成绩。每种性格之下，如果能按照清晨所预定而实行的，便在"下午"一格里记一个"＋"，否则就记"－"。在意外情形中的表现是否符合领导条件的行为，各在"×"一格中的每种品质下标记"＋"或"－"。这一格里，也许一种性质你可以记下好几个记号，或一个记号也不记，视实际情形发生的有无及次数多少而定。

假定的一日

譬如说，你在清晨看着表格，心里想："意志力？我今天在正餐以前绝不吸烟。"随手画一个"√"。"知识？我决定收集一些统计作为估计明年生产额的根据。"再画一个"√"。"热诚？我一定要使下个月的营业额扩充百分之二十，我要这样去对经理说。""√"。"自信心？那公式今天我要自己动手解决，不去问白莱文。如果他能，为什么我不能？""√"。"毅力？今天我要比昨天多做十分之一的工作。""√"。"责任感？我今晚要自己打电话给琼斯家里，说因为早睡不能和他们玩牌。不叫我的太太打电话。""√"。"勇气？我要向经理要求加薪。""√"。

有什么惊人之处吗？没有，领导资格是从小事情上堆积起来的。

一到夜里，把你的卡片拿出来。问自己："意志力？我今天不曾吸烟。"随手画了一个"+"。"知识？我已经得到一些统计，但来不及搜集完全。""+"。"热诚？我得承认我已经完全忘记了。""—"。"自信心？我把那公式试了一下，然而最终仍去请教了白莱文。那只做到了一半，可是没有折中的记法，还是记上'—'吧。""毅力？不，今天工作做得仍和平常一样。"再一个"—"。"责任感？不必说了。我们终究还是去了琼斯家里，不去多好。"再一个"—"。"勇气？不，老头子今天好像有些不高兴，我没有对他说。"再一个"—"。

现在想想看还有什么别的事。"那家伙说'咱们回去的时候上咖啡馆坐坐吧'，我听了他的话，但是我实在不想去。"在"×"格的"意志力"项下画了一个"—"。"我跟桑普孙打赌五块钱说我们的东区分店下个月营业要比南区分店好。"那好像可以在"热诚"项下画一个"+"。"今天早晨我上写字间比平常早到十五分钟。"在"毅力"项下画一个"+"。

成绩不大好？不要紧，明天也许可以进步些。

保持永久的记录

把明天、后天的成绩和今天相比较，很能鼓起人的兴趣和勇气。因此你应当保持一种永久的记录，记录你获得领导资格的进展情况。

当然你也可以每天用一张卡片标明日期，一起保存起来，但这也许查起来不大方便。最好把每天的"＋""－"总数按月抄录在另一张纸上。

要得到领导的资格，用卡片自省是不是唯一的方法？当然不是。但那是遵循你唯一可行途径的一个简便法门。人类是习惯的动物。你的思想、言语及动作都因为习惯于某种方式而固定化了。也许你在风度上、习癖上、举止上的某些习惯，是追随者所特有而非领导者应有的。

某种情况发生了，你应有所行动。那种局面也许是使人困窘的。最容易的办法是闭上眼睛不管，或者让别人去决定怎样处置，或者把应干的事延搁起来，或者听天由命。你选择了这种最容易的办法，因为你习惯于这样做。

怎样改变习惯

当然一定要把这种追随者的习惯改变成领导者的习惯。改变任何习惯都有一定的程序。威廉·詹姆士为此曾经立过四条清楚的准则：

1. 运用最大的努力。

2. 否定任何的例外。

3. 抓住每一个机会实践你的决心。

4. 视作日常的功课持续不懈。

我们可以再补充三点：

1. 在改变你的习惯时，必须时时明确地记住你的目标。脑中保持着有了那些领导特质之后的你自己的姿态。

2. 必须有一种估计你自己进展程度的方法。第一，那可以给你一个机会判断你所走的路是否正确。如果你全无进步，你的记录就会如实地告诉你，你可以看到毛病在什么地方，知道非改变一下你的方法不可。第二，它可以给你一种鼓励，当你做着悠长的努力以求达到领导水准的时候，一切鼓励都是需要的。

3. 不可性急。现在的各种固定习惯，都是经年积月累积而成，绝不能把它们用一朝一夕之功改变过来。在第一星期里能够有一丝一毫的进步也是值得欣喜的。慢慢进展就会加速起来。

第十八章 怎样做领导

外表的特征

把自己塑造成一个领导，必须能使你自己和别人都相信你确有做领导的资格。如果能装出一些领导的神气，采取一些发号指令者特有的姿态来，那会对你很有帮助。

在你的脸上堆起一副笑容来，不但可以使别人认为你是个一团和气的人，你自己也真的会觉得格外快乐些，同样，采用领导们所用的言语动作，也会使你觉得自己更像一个领导，自然而然会在思想行动上养成领导习惯。

应当照下面的几条规则纠正你自己：

1. 走得快一些。领导们绝不踱方步，他们是大踏步走的。

2. 话要说得有劲一些。领导们绝不哼啊哈啊地半吞半吐，他们说起话来是敏捷而锋利的。

3. 立得正一些，头抬起，腹向内，肩挺后。领导们绝不垂头曲背。

4. 口齿要清楚一些。领导们绝不让别人请他复述已经说过的话。

5. 行动要敏捷，不要踌躇。领导们总是当机立断，即使他们的决断是错误的。人们知道他有确定的主张。

6. 集中注意问题的要点。领导们绝不在细节上吹毛求疵。

7. 不要做白日梦。领导们绝不用茫然的眼光注视着空间。

8. 当面向人说话。领导们发言的时候绝不俯首看地板，举头望屋顶。

9. 做事有始有终。领导们定好一个计划，便要坚持不懈地进行，绝不一事未了换作他事。

这些你觉得都是小事而无足轻重吗？小事也许是小事，但却不是无足轻重的。每一条都是使铁棒变成缝针的一次碾磨。

把你理想中的自我时时放在眼前作为鹄的，坚决地认定没有力量可以阻碍你。每天无畏地接受力量的试炼，抱定每次胜利可以使你更有力量对付下一次的试炼这种思想而自我激励。不断地坚持前进，深信总有达到目的的一天。照这样做下去，我的朋友，你就可以成为领导了。

编后记

  本书翻译自米而顿·赖特的 *Getting Along with People*，译者圣辅。原书由世界书局于民国二十八年（1939年）七月出版发行。本书即以该版本为底本，在不改变原作风貌的基础上，根据时代特征进行加工精修。主要对原书中部分人名、地名的中译名以及其他一些内容进行了修改，如："玛克吐温"改为"马克·吐温"；"非拉台尔菲亚州"改为"费城"；由于原书中第十三章的最后一个标题"摹仿性"的内容部分缺失，故删除。

  圣辅，民国时期翻译家。我们经过多方查找，终未查到有关圣辅或其亲属的信息，现委托中国文字著作权协会（http://www.prccopyright.org.cn/）代为联系其亲属，并办理日后的稿酬转付事宜。

  本书上市后我们仍将不遗余力查找圣辅或其亲属的消息，如有知悉相关情况者，敬请与本社联系，以便我们致谢并寄送样书。

本书编订者
二〇二〇年六月